시험점수 쑥쑥 올리는 응급처방전

영문법이 시급합니다

시험점수 쑥쑥 올리는 응급처방전

영문법이 시급합니다

케네스 채 지음

또다른우주

| 프롤로그 |

문법을 이해하는 것이 외국어 학습의 지름길입니다

영어 성적이 잘 나오지 않는 이유

성인이 된 이후의 시간은 한 마디로 영어와 함께한 삶이었습니다. 스무 살에 중고생을 가르치는 영어 과외를 시작했고, 호주 어학연수와 네덜란드 교환학생 과정을 거쳐 기업에 취업했습니다. 원자재를 운송하는 해운회사에서 해외 업무를 담당하며 세계 각국의 거래처와 늘 영어로 소통해야 했습니다. 그러다가 아예 미국으로 유학 가 대학원에서 영어교육학을 전공하고 석사학위 취득 후 학원강사로 전업했습니다.

스무 살이 되기 전까지 제가 접한 영어는 학교에서 배우는 입시영어가 전부였습니다. 성인이 되고 나서 영어권 국가에서 공부할 기회가 있었던 저 같은 사람에게도, 영어 학습에 관한 한 아주 부러운 사람들이 있었습니다. 어려서부터 다양한 영어 콘텐츠를 접하고 해외에 장기간 체류해서, 특별히 노력하지 않아도 자연스럽게 영어가 입에서 술술 나오는 것처럼 보이는 사람들 말입니다. 우리나라에서만 영어를 배운 순수 국내파에게는 그들이 더욱더 선망의 대상이었을 것입니다.

그러나 십여 년간 소수정예 학원에서, 또는 일대일 과외로 수많은 학생들을 가르치면서 생각이 바뀌었습니다. 저는 그동안 교육열이 대한민국 평균보다 높은 목동과 일산, 수원, 용인 지역에서 주로 중고등학생을 가르쳐왔습니다. 학생들 상당수는 유아 때부터 각종 영어학원에 다녔고, 영어유치원이나 엄마표 영어공부법을 통해 영어와 우리말을 모두 능숙하게 구사하는 이중언어사용자(bilingual)가 되는 것을 목표로 공부해온 경우도 많습니다. 해외에서 몇 년간 생활하다 온 아이들도 흔합니다.

그런데, 제가 속한 세대와는 달리 유아 때부터 영어회화를 하며 자란 아이들이 의외로 시험성적이 제대로 나오지 않는 경우가 적지 않습니다. 초등학교 시절에는 아이의 영어 실력을 객관적으로 알기 어려워 막연히 오랫동안 영어를 배우면 잘할 거라고 믿고 학원에 보냈던 부모님들이 아이가 중학생이 된 후, 혹은 고등학생이 된 후 시험성적이 잘 나오지 않으면 그제야 뭔가 잘못되었다는 것을 깨닫고 단기간에 영어 성적을 올릴 방법을 찾아 여러 학원에 상담을 요청하게 됩니다.

오랫동안 영어를 배웠지만 시험 성적은 잘 나오지 않는 중고등학생들을 가르쳐서 몇 개월 만에 성적이 크게 향상되는 경험을 많이 했습니다. 비결은 무엇일까요? 바로 영문법입니다. 학생들은 짧게는 수년에서 길게는 십 년 넘게 영어를 공부하면서도 문법을 제대로 공부한 적이 없었습니다. 수업 내용에는 늘 문법이 포함되지만, 한 번도 제대로 이해하지 않고 막연한 감(感)에 의존해왔던 것입니다.

성인도 마찬가지입니다. 십 년 넘게 영어를 공부했어도 학교와 학원 선생님의 강의를 들으며 문제를 풀었을 뿐, 스스로 생각하며 이해하는 대로 자신의 속도에 맞춰 영문법 교재 한 권을 처음부터 끝까지 공부해 본 사람은 많지 않습니다.

언어를 공부할 때 문법은 필수입니다. 모국어를 사용할 때도 문법을 비롯한 언어 지식이 풍부한 사람과 그렇지 않은 사람의 차이는 무척 큽니다. 특히 외국어를 배울 때 문법 지식을 바탕으로 체계적으로 공부하면 학습 시간이 크게 단축됩니다. 한국어와 영어를 똑같이 잘하는 이중언어사용자가 되는 것은 특별한 조건에서 극소수에게만 가능합니다. 우리나라 사람 대부분은 모국어만큼 많은 시간 동안 영어로 생활할 수 없습니다. 시간이란 극히 한정된 자원이니까요. 논리적 사고력이 크게 향상되는 초등학교 고학년부터는 문법을 제대로 배우는 것이 영어 실력을 높이는 지름길입니다.

이 책은 다른 문법책과 어떻게 다를까요?

과거에는 대학 입시 후 영어를 멀리 했던 성인이 취업이나 자격증 시험을 위해 다시 영어 공부를 시작할 때 중학교 영어 교과서를 통째로 외우라는 얘기가 있었습니다. 실제로 그렇게 하는 사람들도 많았습니다. 그때는 중학교부터 교과과정에서 영어를 가르쳤고, 중학교 영어 교과서는 가장 기초적인 문법 위주로 구성되어 있었으니까요.

영어의 기초부터 다시 시작하려는 사람이 학습량이 적은 쉬운 책으로 공부를 하면 부담이 적습니다. 하지만 쉬운 게 핵심은 아닙니다. 문법을 단순 암기하는 것이 아니라 이해를 해야 자기 것이 됩니다. 왜 이런 문법이 생겨났고, 왜 이렇게 사용해야 하는지를 알아야 합니다. 문법은 그 언어를 사용하는 사람들끼리의 최적화된 약속이기 때문입니다. 예를 들어 to부정사라는 문법 용어를 누구나 들어보았을 것입니다. to부정사가 무엇이냐고 물어보면 대부분 to+동사원형이라고 답합니다.

그것은 to부정사의 형태적인 특징에 불과합니다. 왜 to부정사라고 부르는지, 문장에서 어떤 역할을 하는지 충분히 설명을 듣고 이해하는 것이 먼저입니다. 원리를 이해하고 나면 기억에 오래 남아 고스란히 자기 실력이 됩니다. 무엇이든 내 손 안에 단단히 쥐고 난 후에야 자유자재로 활용할 수 있습니다.

그동안 수백 명의 학생들을 가르치면서 그들이 무엇을 어려워하는지 알 수 있었습니다. 이 책은 학습자 곁에서 하나하나 짚어가며 눈높이를 맞추고 이해시켜온 내용을 글로 옮긴 것입니다.

십여 년간 영어를 가르쳐 보니 영어 문법은 크게 두 가지로 나눌 수 있다는 결론에 도달했습니다. 하나는 친절한 설명을 통해 먼저 이해가 바탕이 되어야 하는 문법이고, 또 다른 하나는 외워야 하는 암기 중심의 문법입니다. 이 책도 그렇게 구성했습니다. 먼저 원리를 알기 쉽게 설명하고, 꼭 암기가 필요한 부분은 따로 제시했습니다.

소설처럼 술술 읽으며 영어의 세계로 빠져드는 책

그동안 다양한 연령과 수준의 학생들을 현장에서 가르쳐 본 경험에 기초해 이 책을 썼습니다. 자주 쓰지 않는 문법, 중요도가 떨어지는 문법은 과감히 생략했습니다. 영어 문장을 이해하는 데 꼭 필요한 문법, 각종 시험에 자주 등장하는 문법 위주로 반드시 알아야 할 내용, 수업 시간에 중요하다고 몇 번이고 강조하는 내용만으로 구성했습니다.

이번에는 문법책을 독파하리라 결심해도 대부분 교재 앞부분만 열심히 공부한 흔적이 남아 있고 끝까지 하기는 어렵습니다. 학원에 다니거나 과외를 받거나 인터넷 강의를 들으면 선생님과 함께 교재를 끝까지 공부하기는 해도, 막상 자기 것으로 소화한 학생을 찾기는 쉽지 않습니다. 문법은 교재 앞부분의 일부 내용만 달달 외우기보다는 전체를 이해하는 것이 중요합니다. 선생님이 시키는 대로만 하면 저절로 진도가 나가는 방식이 아니라, 한 번쯤은 스스로 이해하고 넘어가는 방식으로 문법책을 공부해봐야 합니다.

그래서 이 책은 부담 없이 소설책처럼 술술 읽도록 구성했습니다. 이 책은 공부시간을 정하고 필기도구를 준비한 후 책상 앞에 앉아 공부하지 않아도 됩니다. 그냥 시간 날 때마다 소파에 엎드려서, 밥이나 간식을 먹을 때, 또는 지하철이나 버스 안에서 가볍게 읽으면 됩니다. 소설에 빠져들려면 주요 인물들을 알아야 하고, 어떤 배경인지, 무슨 사건이 일어난 건지 파악해야 합니다. 그렇게 소설 속 세계에 익숙해지면, 그다음부터는 내용을 이해하기 위해 애쓰지 않아도 됩니다.

이 책 역시 문법의 주인공인 품사, 그리고 품사가 서로 관계를 맺는 방식인 문장 형식을 이해하며 영어의 세계에 자연스럽게 입문하도록 구성했습니다. 문법에는 반드시 암기해야 하는 부분이 있지만, 일단은 그냥 넘어가도 됩니다. 미술작품을 바라보듯 큰 그림을 먼저 이해한 다음 디테일을 보아야 합니다. 전체 스토리를 파악하고 나면 일부 내용을 암기하는 것은 훨씬 쉬워집니다. 이 책을 끝까지 술술 읽고 나서, 다시 한 번 책을 펼치고 암기할 부분만 복습하고 나면, 단언컨대 영어의 기초가 잡히고 성적이 올라갈 것입니다. 그렇게 많은 돈과 시간을 영어에 쏟아부어도 막상 영문법책 한 권을 제대로 뗀 사람은 의외로 드물기 때문입니다.

책에 등장하는 예문은 되도록 쉽게 해석할 수 있는 것들로 썼고, 설명한 문법이 실제 영어 문장에서 어떻게 적용되는지 보여주기 위해 다소 투박하더라도 직역을 했습니다.

학생들이 영어 문법을 어려워하고 힘들어 할 때마다 어떻게 하면 좀 더 쉽게 설명해서 기억에 잘 남게 할지 오랫동안 고민해왔습니다. 또 문법을 영어 문장 속에 어떻게 자연스럽게 녹여 활용하게 할지 연구해왔습니다. 이 책은 오랜 세월 고민하고 연구한 결과물입니다. 좀처럼 실력이 늘지 않아 영어 학습에 어려움을 겪는 사람들이 이 책을 통해 기초를 닦을 수 있기를 간절히 희망합니다.

이 한 권의 책이 나오기까지 수고와 정성을 아끼지 않은 도서출판 또다른우주 백지선 대표님과 늘 굳건한 믿음과 응원으로 제게 힘을 주는 가족에게 고마운 마음을 전합니다.

2022년 12월

케네스 채

contents 차례

Chapter 1

영어 공부, 문해력이 핵심입니다

다 아는 단어인데 문장 해석을 못한다면?

유아기나 아무리 늦어도 초등 시기에 영어공부를 시작하는 요즘도 '어렵고 딱딱한' 문법 공부는 뒤로 밀립니다. 중고등학생의 절대 다수가 영어 문법을 어려워합니다. 문법 문제를 만나면 덜컥 겁부터 난다는 학생도 있습니다. 대학생 대상 토익(TOEIC) 수업에서도 역시나 영문법이 어렵다는 하소연을 심심찮게 들었습니다.

물론 문법에는 '어려운' 부분이 있습니다. 복잡하거나 특이한 구조를 가진 문장을 놓고 해부하듯 분석하면서 하나하나에 이름을 붙이고 문법적 기능을 완전히 파악하려고 하면 국어도 어렵습니다. 미묘한 어감의 차이를 일일이 따지면 문법은 그야말로 어려운 과제가 됩니다. 그러나 우리 같은 외국인이 영어를 배울 때 필요한 어학 실력, 읽기를 중심으로 듣고 쓰고 말하는 데 필요한 기본적인 문법 지식을 익히는 것은 결코 어렵지 않습니다. 이해하려고 하지 않고 외우려고만 해서 어려웠던 것입니다. 아니면 예외적인 규칙이나 어려운 문장 구조를 공부하는 데 치중해서 어렵게 느꼈던 것입니다.

영문법 학습에서 자주 듣는 반론이 있습니다. 영어 원서를 많이 읽으면 자연스럽게 원어민처럼 영어를 습득하게 되는데 문법 공부가 왜 필요하냐는 것입니다. 과연 그럴까요?

한 초등학교 6학년 학생이 아래 문장을 이렇게 해석하는 것을 본 적이 있습니다.

She must have left for Paris yesterday. 그녀는 어제 파리를 떠나야만 했다.

제대로 된 해석은 '그녀는 어제 파리로 떠났음에 틀림없다'입니다. '파리를 떠나야만 했다'는 '의무'를 나타내는 말이 아니라 '파리로 떠났음에 틀림없다'는 과거의 '강한 추측'을 나타내는 표현입니다. 그리고 파리를 떠난 것이 아니라 파리를 '향해서' 떠난 것이죠.

개별 단어들을 아무 규칙 없이 잘 모르는 부분은 대충 건너뛰면서 머릿속에서 뒤섞은 후에 스스로 생각하기에 매끄러운 우리말로 바꿔 버린 것입니다. 이런 식의 읽기는 말이 될 때도 있고 안 될 때도 있습니다. 이렇게 원서를 읽으면 책 내용을 제대로 이해할 수 없습니다.

학원에 새로운 학생이 오면 레벨테스트를 하는데 독해능력을 파악하는 가장 간단한 방법이 영어 문장을 몇 개 제시하고 무슨 뜻인지 물어보는 것입니다. 문법 학습이 되어 있지 않은 상태에서 읽기 레벨만 높인 학생들은 위의 사례처럼 짧은 문장도 가끔 틀립니다. 그래도 문장이 짧으면 대개는 문장을 제대로 이해하는 편입니다. 하지만 다음과 같은 다소 긴 문장은 어휘가 쉽더라도 해석을 어려워합니다.

Nobody in the family gave a thought now to anything except the two vital problems of trying to keep warm and trying to get enough to eat.

_로알드 달(Roald Dahl)의 『찰리와 초콜릿 공장Charlie and the Chocolate Factory』 (미국 초등학교 4학년 수준 도서)

그 가족들 중 이제 누구도 따뜻함을 유지하려고 노력하는 것과 먹을 것을 충분히 얻으려고 노력하는 것, 이 두 가지 필수적인 문제를 제외하고는 어떤 것도 생각하지 않았다.

많은 학생들이 알긴 알겠는데 표현을 못하겠다며 고개를 젓습니다. 이것은 문법이 빠진 영어공부의 단적인 사례입니다. 문장구조에 대한 이해가 없으니 모르는 단어가 하나도 없는데도 해석을 제대로 하지 못합니다. 그나마 짧은 문장은 대충 끼워 맞추는데 문장이 조금만 길어지면 각 단어의 뜻은 알지만 어떻게 조합할지 모르니 "알긴 알겠는데 표현을 못하겠다"고 얘기하는 것입니다. 미안하지만 냉철하게 보면 이것은 아는 것이 아닙니다. 그저 주어진 단어들의 뜻을 얼기설기 엮은 어림짐작에 불과합니다.

언어감각을 타고난 아이가 엄청나게 많은 양의 원서를 읽었을 때는 별도의 문법 공부 없이도 영어 문장을 잘 이해합니다. 제가 가르친 학생 중에도 그런 아이가 있었습니다. 인위적인 노력을 통해 모국어 습득에 준할 만큼 많은 시간 동안 영어를 접하면서 이루어낸 눈물겨운 결과였습니다.

그러나 이런 극소수 사례를 일반화하기에는 무리가 있습니다. 제가 가르친 수백 명의 학생 중 이런 탁월한 학생은 1%에도 미치지 못했습니다. 무엇보다도 그렇게 많은 양의 영어 원서 독서를 소화해낼 수 있는 아이는 드뭅니다. 스마트폰 사용 시간이 늘어나면서 한글 책을 읽는 시간도 대폭 줄어든 현실에서, 100쪽 이상의 일반적인 영어 원서를 단 한 권이라도 스스로 끝까지 읽기는 쉽지 않습니다. 아이 스스로의 의지로 그렇게 하기 어렵다면, 부모님이 생활 속에서 일일이 챙겨주어야 하는데, 정말 쉽지 않죠. 문법 공부 없이 원서만 읽는 것은 실천하기도 어렵고 비효율적인 학습법입니다.

모국어를 배울 때도 생활 속에서만 익히는 것이 아닙니다. 학교 교과과정에서 가장 많은 시간을 국어수업에 배정해서 우리말의 바탕 위에서 다른 모든 과목을 배우도록 하죠. 학년이 올라갈수록 영어 이외에도 학습 부담이 커지는데, 영어를 모국어처럼 습득하려고 하면 시간과 노력이 너무 많이 들어 수학 같은 다른 교과목 학습에도 부정적인 영향을 끼칠 수 있습니다.

외국어를 배울 때는 사고력이 발달한 초등 고학년 이상이라면 문법 학습을 반드시 병행해야 합니다. 문법 학습 없이 무작정 많이 읽으라고 하는 것은 수영을 안 배운 아이에게 튜브 하나 던져주고 그저 열심히 하면 헤엄칠 수 있다고 하는 것과 같습니다. 어린 시절 늘 바닷가에서 놀왔던 아이들은 수영을 일부러 배우지 않아도 헤엄을 잘 치는 경우가 많지만, 도시에서 자란 아이는 그런 식으로 자연스럽게 수영을 배울 수는 없습니다. 팔은 이렇게 젓고, 다리는 이렇게 차라고, 숨쉬기는 이렇게 하라고 알려주고 연습하도록 해야 누구나 효과적으로 수영을 익힐 수 있습니다.

어느 정도 학습이 진행된 중고등학생이나 성인은 아이들보다 모국어가 더 확고히 자리 잡았기 때문에 모국어와 외국어의 간격을 메워 줄 문법 지식이 더욱 절실합니다. 중고생과 성인은 대개 시험 점수를 높이려는 구체적인 목표를 위해 공부하는데, 영어 성적을 잘 받기 위해 무엇보다 중요한 것이 문법을 익히는 것입니다. 외국인과 원활한 회화를 하는 것이 공부의 목적이더라도 상대방의 말을 잘 이해하고 하고 싶은 말을 정확하게 표현하기 위해 문법 지식은 필수입니다.

영어유치원에 이어 원어민 강사에게서 수년 이상 수업을 받았거나 해외에 장기 체류했던 학생들은 어떨까요? 외국에서 살다 온 아이들은 비영어권 국가에 체류해도 대부분 영어를 사용하는 국제학교에 다닙니다. 이 학생들은 대개 발음이 좋고 영어에 대한 감각도 좋은 편입니다. 그러나 대부분의 영어시험은 일상 회화만 잘한다고 좋은 성적을 받기는 어렵습니다. 우리나라 학생들의 국어 성적에 큰 차이가 있듯, 영어를 능숙하게 구사하는 학생들도 체계적으로 문법 지식을 습득했느냐 여부에 따라 성적 차이가 큽니다.

한 중학생은 10대 초반 해외에서 몇 년 살다 와서, 부모님은 영어만큼은 아무 문제없을 거라고 기대했다고 합니다. 그러나 학교 성적표를 받아본 후 크게 실망해서 아이 손을 잡고 학원 문을 두드렸습니다. 이와 유사한 사례를 무수히 보고 들었습니다.

문해력의 기초, 문법

한 남자가 저녁식사에 초대받았습니다. 정성스레 잘 차려진 음식을 먹고 나서 이렇게 한 마디 건넵니다.

"배는 부르다."

'이건 뭐지?' 주인은 손님이 뭔가 불편을 느꼈을 거라고 짐작합니다. 뭔가 마음에 들지 않았더라도 그렇게 표현하는 건 예의에 어긋나는 것 같습니다. '는'이 주어에 붙는 주격조사가 아니라 '대조'와 '강조'의 뜻을 더해주는 보조사라는 문법 지식이 없어도 우리는 뭔가 심상치 않은 분위기를 느낍니다. '배는 부르지만 맛은 없었다', '배는 부르지만 기분은 안 좋다'에서 '맛은 없었다'나 '기분은 안 좋다'가 생략되었다고 느끼기 때문입니다. 이처럼 말은 글자 하나에 따라 의미가 달라집니다. 우리는 일부러 배우지 않더라도 모국어를 사용할 때 미묘한 어감의 차이를 느낍니다. 외국어를 배울 때는 이런 미묘한 어감의 차이까지 의식적인 학습을 통해 습득하는 것이 일반적입니다.

이미 하나의 언어가 모국어로 자리를 잡은 상태에서 다른 언어를 배울 때는 어쩔 수 없이 먼저 배운 언어의 체계가 나중에 배우는 언어를 방해하게 됩니다. 독일어와 영어처럼 같은 뿌리에서 갈라져 나온 언어는 덜하지만 국어와 영어처럼 완전히 다른 뿌리에서 갈라져 나온 언어 사이에는 방해공작(?)이 아주 심하죠. 좀 어려운 말로 언어간섭(language interference)이라고 합니다.

이때 필요한 것이 문법 학습입니다. 문법은 수없이 반복해야 익힐 수 있는 언어의 패턴을 쉽게 이해하고 따라할 수 있도록 안내해주는 길잡이예요.

외국어를 배우는 현실적인 이유는 공부나 업무에 활용하기 위해서입니다. 영어로 공부나 업무를 하려면 상당히 복잡한 언어를 구사해야 하죠. 중고생 대상 영어 교재나 수학능력시험 기출문제를 보면, 꼭 외국어라서 어려운 것이 아니라 글을 읽고 내용을 이해하는 문해력 수준이 문제의 난이도를 좌우한다는 것을 알 수 있습니다. 다 아는 단어들이 나오는 국어시험에서 만점을 받기 어려운 것처럼, 영어 학습에서도 수준이 높아질수록 문해력이 학습 성과를 좌우합니다.

우리는 언어로 사고하고, 언어로 세계를 이해합니다. 국어와 영어는 사고방식의 차이만큼 언어의 특성도 다릅니다. 먼저 언어의 기본 구조를 살펴보며 영어의 세계로 한 발짝 한 발짝 들어가보죠. 아래 문장을 살펴봅시다.

"내 거친 생각과 불안한 눈빛과 그걸 지켜보는 너."

이 문장은 '나, 거칠다, 생각, 과, 불안, 눈빛, 그것, 을, 지켜보다, 너'라는 단어로 이루어져 있습니다. 모든 단어는 기능에 따라 9가지 품사(영어는 8품사)로 나뉩니다. '나'는 대명사, '거칠다'는 형용사, '생각'은 명사, '과'는 조사, '지켜보다'는 동사죠. 문장을 이루면서 '나'는 '내'로, '거칠다'는 '거친'으로 형태가 조금 바뀌었지만, 어쨌든 문장은 단어, 즉 품사로 이루어져 있음을 알 수 있습니다.

먼저 영어의 문장을 구성하는 조각들인 '품사'부터 살펴보겠습니다. 이 책에 제시된 순서대로 따라 읽기만 하면, 막연하고 어렵게만 느껴졌던 영어 문법이 쉽게 머릿속에 정리되리라 확신합니다.

Chapter 2

언어의 집을 짓는 벽돌, 품사의 이해

영문법은 8품사에서 출발합니다

튼튼하고 좋은 집을 짓기 위해서는 먼저 집을 만들 때 사용하는 기초 재료를 이해해야 합니다. 어떤 목재와 벽돌, 단열재를 쓰는지 그것들의 기본적인 특성이 무엇인지 모르고 훌륭한 집을 지을 수는 없습니다. 예쁜 집을 모델 삼아 겉만 번드르르하게 지으면 겨울에 춥고 여름에 더운, 별로 살고 싶지 않은 엉성한 집이 되고 맙니다. 세련된 조명기구, 예쁜 문고리는 건물의 기초를 탄탄히 세운 다음 고민해도 됩니다.

언어의 기초는 단어입니다. 우리는 단어라는 벽돌로 언어의 집을 짓습니다. 대한민국, 셰익스피어, 산, 바다…. 이런 단어를 우리는 명사라고 부릅니다. 사물의 이름을 나타내는 단어를 한데 묶어 '명사'로 부르기로 약속한 것입니다. 이처럼 기능에 따라 단어를 분류한 것을 품사라고 합니다. 영어의 품사는 8개가 있습니다. 8품사라고 부르죠. 국어에는 9품사가 있습니다. 이렇듯 국어와 영어는 품사부터 다릅니다. 모든 영어 단어는 8품사에 속하고, 8품사를 조합해서 영어 문장을 만듭니다.

품사를 이해하기 위해, 언어가 생겨났던 원시시대로 시간여행을 떠나봅시다. 함께 힘을 합쳐 사냥을 하고 공동생활을 하던 원시인이 되었다고 생각하고 언어가 어떻게 생겨나 복잡하게 발달해 나갔는지 상상해보죠. 이제부터 전개하는 내용은 언어의 발생에 관한 학문적 설명이 아니라 언어의 기능을 이해하기 위해 가정한 내용입니다.

명사

숲속에서 사냥을 하다 보면 얼마나 아찔하고 위험한 순간이 많았을까요? 사나운 동물들의 공격을 받는 일이 한두 번이 아니었을 것입니다. 그런 상황에서 살아남기 위해 함께 사냥을 하는 동료의 이름을 부르는 것부터 언어가 시작되지 않았을까요? "존!", "톰!" 하면서 말이죠. 사냥꾼들이 서로를 부르는 말부터 시작해 각 사물을 가리키는 말을 짓는 게 생존을 위해 반드시 필요했을 것입니다.

사자가 나타났는지, 토끼가 나타났는지 정확히 표현해야 합니다. 사자라면 도망가야 하고, 토끼라면 에워싸고 잡아야 합니다. 그러려면 '사자,' '토끼'에 해당하는 말이 필요하겠죠. 이것이 바로 명사입니다. 기본적인 의사소통을 위해 가장 필요한 것입니다. 말이 통하지 않는 외국에 가서 생활해도 중요한 명사들만 알면 손짓 발짓을 섞어 생존에 필요한 의사소통은 할 수 있습니다.

대명사

사물을 가리킬 때 약속된 이름(명사)을 사용했더니 한결 편해졌습니다. 그런데 원래 인간은 기본적으로 반복을 싫어합니다. 나무, 나무, 나무 하다 보니 너도 알고 나도 아는 뻔한 것은 그냥 그것(it), 그것들(them)이라고 부르게 되었습니다. 대명사란 명사를 대신하는 말입니다.

형용사

나무라는 단어만으로도 처음에는 불편을 느끼지 못했을 것입니다. 그런데 자꾸 보니 나무도 다 같은 나무가 아니었습니다. 키 큰(tall) 나무, 덩치 큰(big) 나무, 작은(small) 나무 등 내가 본 그 나무가 어떻게 다른지 표현하고 싶어졌죠. '용감한 사람(a brave person)'처럼 명사를 꾸미기도 하고 '꽃이 예쁘다(flowers are pretty)'처럼 명사가 어떤지 설명해주는 형용사가 생기면서 좀 더 구체적인 표현을 할 수 있게 되었습니다.

Failure is the condiment that gives success its flavor.

Truman Capote

실패는 성공에 풍미를 더하는 조미료다.

동사

풋풋한 숲 내음에, 드높이 펼쳐진 맑은 하늘, 예쁜 꽃들. 하지만 야생의 삶은 평화롭기만 한 것이 아닙니다. 우리의 목숨을 위협하는 것들이 곳곳에 도사리고 있습니다. 명사, 대명사, 형용사만으로는 도저히 표현할 수 없는 행동이나 움직임을 표현해야만 하는 상황이 반드시 생겼을 것입니다. "피해(Escape)!", "뛰어(Run)!" 동사가 없었다면 어떻게 표현할 수 있을까요? 생각만 해도 아찔합니다.

부사

큰 곰을 보았습니다. 그런데 다음날 더 큰 곰, 아주(very) 큰 곰을 보게 되었죠. 달리는 것도 천천히(slowly) 달리는지, 빠르게(fast) 달리는지 구분해야 합니다. 의사소통이 정교해지면서 동사나 형용사를 좀 더 세부적으로 꾸며줄 말이 필요해졌죠. 상상해보세요. 긴긴 겨울 밤 모닥불 앞에 둘러앉아 "라떼는 말이야, 아주 무시무시한 사자가 살고 있었어"로 시작해서 구사일생으로 살아 돌아온 모험담을 들려줘야 하는데 부사 없이 그 긴박했던 상황을 묘사하려면 얼마나 답답할까요? 양념 없는 요리가 맛이 없는 것처럼, 부사 없이 문장을 만들면 참 심심하죠.

접속사

사회생활이 복잡해지고 사람의 뇌가 점점 발달하면서 문장 하나만으로는 생각을 제대로 표현하기 어려웠습니다. 여러 문장을 얘기하다 보니 문장과 문장이 어떤 관계로 연결되는지 알려주는 품사가 필요해졌죠. 그래서(so), 왜냐하면(because), 그리고(and), ~에도 불구하고(although) 같은 접속사를 통해 앞의 문장과 뒤의 문장을 논리적으로 연결해 조리있게 말하는 법을 익혔습니다. 아마도 무리를 이끌며 설득해야 할 일이 많았던 우두머리부터 이렇게 접속사를 많이 사용하며 긴 얘기를 하지 않았을까요?

전치사

둘도 없는 친한 친구와 함께 사냥을 갔는데 그 친구 옆(beside) 바위 밑(under)에는 뱀이, 뒤(behind)에는 늑대가 있습니다. 뱀이나 늑대라는 명사만으로는, "도망가!"라는 동사만으로는 이 녀석들이 어디에 있는지, 친구가 어떤 위험에 빠져 있는지 정확히 얘기할 수 없죠. 명사나 대명사 앞에서 방향, 소유, 시간, 장소 등을 나타내는 좀 더 정교한 표현 방법이 필요했습니다. 그래서 전치사가 생겨난 겁니다.

감탄사

살다 보면 말로는 표현하기 어려운 감정을 느낍니다. 때로는 열 마디 말보다 짧은 한 마디 표현이 더 가슴에 와 닿습니다. "와(wow)!" "오(oh)!" 지금 이 순간 내 느낌을 누군가와 공유하고 싶다면 더 이상 무슨 말이 필요할까요? 감탄사는 강렬한 감정을 느꼈을 때 자연스럽게 내뱉은 소리를 언어로 만든 것입니다. 앞에서 설명한 명사, 대명사, 동사보다 더 먼저 생겨났겠죠. 언어가 달라도 상대방이 어떤 의미로 감탄사를 내뱉는지 알아채기는 쉬운 것 같습니다. 예로 든 표현도 영어나 우리말이나 발음이 비슷하죠?

여러분은 방금 8품사를 다 떼었습니다! 이 세상 모든 영어 표현, 문장이 이렇게 8품사로 이루어져 있다니 놀랍지 않나요? 이렇게 하나하나 이해하다 보면 가까운 미래에 영문법이라는 산의 정상에 오를 수 있습니다. 8품사에 속하는 다양한 어휘가 형태를 바꾸고 조합을 이루는 과정에서 생겨난 규칙, 바로 그것이 영어 문법입니다.

그럼 항상 우리를 헷갈리게 하는 a, the나 can, may 같은 것들은 뭔가요? 관사라고 부르는 a, the는 반드시 명사를 따라다니고, can, may 같은 조동사는 동사를 따라다니므로 독립적인 품사로 치지 않습니다.

자, 이제 이런 품사들이 어떻게 결합해 문장(sentence)을 이루는지 차근차근 살펴보죠.

Chapter 3

문장을 만드는 기본 요소, 문장성분

품사와 문장성분의 차이

문장성분을 자세히 들여다보기에 앞서 언어라는 집을 어떻게 지을지, 먼저 큰 그림을 그리고 시작하죠.

문장을 이루는 기본 요소를 문장성분이라고 합니다. 아니, 앞에서 언어의 집을 짓는 벽돌 하나하나를 품사라고 하지 않았나요? 품사는 뭐고, 문장성분은 뭔가요? 품사는 단어가 갖는 고유의 성질로, 변하지 않는 특성을 지닙니다. 다만 한 단어가 꼭 하나의 품사인 것은 아니고, 여러 품사로 기능하기도 합니다. smile은 명사이기도 하고 동사이기도 합니다. 영어사전을 찾아보면 각 단어 설명에 품사가 표시되어 있습니다. 태어날 때 이미 정해진 신분이라고 할까요? 문장성분은 타고난 신분이 아니라 단어(품사)가 문장에서 그때그때 어떤 역할을 하는지 나타냅니다. 같은 단어가 문장에 따라 다른 문장성분으로 쓰입니다.

예를 들어보죠. 뉴욕에 피터라는 소년이 살고 있습니다. 피터가 '남자'고 '사람'이라는 것은 변치 않는 사실입니다(품사). 그런데 피터는 피자 배달원이고, 미드타운 과학고등학교의 학생이며, MJ의 남자친구고, 시민이 위기에 처하면 구해주는 영웅(스파이더맨)이기도 하죠. 즉, 피터의 역할은 다양하고 바뀔 수 있습니다(문장성분).

먼저 간단한 예문을 통해 문장성분이 무엇인지 살펴보죠.

Peter smiles sweetly. 피터가 다정하게 웃는다.

	Peter	smiles	sweetly
품사	명사	동사	부사
문장성분	주어	(서술어)	수식어

Everyone loves Peter. 모두가 피터를 사랑한다.

	Everyone	loves	Peter
품사	대명사	동사	명사
문장성분	주어	(서술어)	목적어

MJ calls him Peter. MJ는 그를 피터로 부른다.

	MJ	calls	him	Peter
품사	명사	동사	대명사	명사
문장성분	주어	(서술어)	목적어	목적보어

이 세 문장에서 수식어를 빼고 문장을 이루는 데 꼭 필요한 문장성분만 표시하면 이렇게 됩니다.

Peter smiles. (주어+서술어)

Everyone loves Peter. (주어+서술어+목적어)

MJ calls him Peter. (주어+서술어+목적어+목적보어)

꼭 필요한 문장성분만으로 문장을 분류하면 그 유명한 문장의 5형식이 나옵니다. 5형식의 세계에 들어가기 전에 먼저 문장형식을 좌우하는 동사부터 살펴보죠. 동사는 영문법을 정복하러 가는 길에 숨어 있는 복병이라고 할 수 있습니다.

영문법의 복병, 동사

문장을 이해하는 열쇠는 동사입니다. 동사는 원래 모습 그대로 서술어로 쓰이기도 하지만 형태를 달리하면서 다른 품사의 기능을 하기도 하고 복잡한 뜻을 담기도 하죠. write라는 동사로 살펴보겠습니다.

동사 write(쓰다)	
다른 품사의 기능	서술어의 기능 확장
to write(명사, 수식어의 기능) writing(명사의 기능) written(수식어 기능)	wrote(과거) be written(수동) can/may/should write(가능, 허가, 의무)

다른 품사의 기능을 하는 to write, writing, written은 뿌리가 동사에 있고 동사에 준하는 역할을 하므로 준동사라고 부릅니다. writing(글쓰기)라는 명사 형태(동명사)로 쓰일 때도 '쓰다'라는 동사의 뜻을 여전히 지니고 있으니까요. 또 동사가 wrote, be written, can/may/should write 등으로 형태를 달리하면서 섬세한 뜻을 더하면 서술어 본래의 기능이 확장되어 표현이 다채로워집니다.

서술어란 문장에서 주어의 움직임, 상태, 성질 등을 나타내는 말입니다. 서술어를 이해하면 동사를 이해하기가 한결 수월합니다. 그런데 우리말과 영어의 서술어가 상당히 다르다는 게 문제입니다.

그는 달린다.

하늘은 파랗다.

우리말에서는 움직임을 나타내는 동사 '달리다'와 상태를 나타내는 형용사 '파랗다'가 모두 서술어가 될 수 있지만, 영어에서는 동사만 서술어가 될 수 있습니다. 형용사가 서술어로 쓰이려면 be동사의 도움을 받아야 합니다(The sky is blue). 영어에서는 서술어와 동사를 구분하지 않습니다. 서술어는 다 동사(verb)입니다.

동사는 be동사와 일반동사로 나뉘는데 be동사는 '~(이)다', '~있다'라는 모호한 뜻을 지니고 있습니다. 일반동사는 be동사를 제외한 모든 동사입니다.

수의 일치와 시제 일치

동사가 어려운 이유 중 하나는 인칭과 수, 시제에 따라 형태가 바뀐다는 점 때문입니다. 가장 쉬운 초급 단계에서도, 가장 짧은 문장에서도 동사의 형태가 어떻게 바뀌는지 파악하느라 어려움을 겪습니다.

먼저 인칭이란 문장의 주체가 말을 하는 나인지, 듣는 너인지, 제3자인지에 따라 1인칭, 2인칭, 3인칭으로 구별하는 것입니다. 단수는 하나, 복수는 여럿을 뜻합니다. 또한 인칭대명사는 문장에서 어떤 역할을 하는가에 따라 형태가 바뀝니다.

	주격 (~은, 는, 이, 가)	소유격 (~의)	목적격 (~을, 를)	소유대명사 (~의 것)
1인칭 단수	I	my	me	mine
2인칭 단수	you	your	you	yours
3인칭 단수	he	his	him	his
	she	her	her	hers
	it	its	it	X
1인칭 복수	we	our	us	ours
2인칭 복수	you	your	you	yours
3인칭 복수	they	their	them	theirs

시제는 현재, 과거, 미래 등으로 나뉘는데, chapter 9에서 자세히 다룹니다. 자, 이제 동사로 돌아와 be동사는 인칭과 시제에 따라 어떻게 바뀌는지 살펴보죠.

구분		단수		복수		
인칭		현재	과거	인칭	현재	과거
1	I	am	was	We		
2	You	are	were	You		
	He				are	were
3	She	is	was	They		
	It					

인칭과, 수, 시제의 개념을 알고 나면 간단한 문장은 정확하게 쓸 수 있습니다.

It is mine. 그것은 내 거야.

They are her books. 그것들은 그녀의 책이야.

He was a postman. 그는 우체부였어.

be동사에 이어 이제 일반동사를 살펴볼까요? 일반동사는 be동사와는 달리 구체적인 행동이나 상태를 나타내는, 상대적으로 확실한 뜻을 지닌 동사로 fly, go, love, sing 같은 단어죠. 주어가 3인칭 단수이고 현재 시제일 때 동사 뒤에 s나 es를 꼭 붙여야 해요. 영어를 처음 배우는 사람들에게는 참 헷갈리죠. 이 규칙을 잘 숙지하고 있다고 생각하는 성인도 막상 영어회화를 하다 보면 s를 빼먹는 경우가 많습니다. 반대로 이 규칙을 지나치게 의식한 나머지 1인칭이나 2인칭에서도 동사에 s를 붙이는 실수를 자주 하는 사람을 본 적이 있습니다. 이 규칙을 헷갈리는 학생에게 영어선생님이 "아이(I)유(you)는 s를 싫어해!"라고 했다는 얘기를 들은 적도 있습니다.

주어가 3인칭 단수 현재일 때, 대개는 동사의 끝에 s만 붙입니다.

walks, cuts, works, sends, cooks, reads, loves

동사가 자음+y로 끝나면 y를 i로 바꾸고 es를 붙입니다.

cry→cries, study→studies, try→tries, fly→flies

동사가 -o, -s, -x, -ch, -sh로 끝나면 끝에 es를 붙입니다.

do→does, miss→misses, mix→mixes, teach→teaches, wash→washes, finish→finishes

처음에는 어렵고 복잡해 보이지만, 영어를 계속 공부하고 활용하다 보면 익숙해집니다. 시간의 힘을 믿으세요! 조바심 내지 않아도 됩니다. 배운 내용으로 예문을 만들어 볼까요?

A dragonfly flies in the sky. 잠자리 한 마리가 하늘에서 날아.

The child washes his hands. 아이가 손을 씻어.

일반동사의 과거는 보통 끝에 ed를 붙이지만, 그렇지 않고 불규칙하게 변해 그냥 외워야 하는 동사도 있습니다. ed를 붙이는 경우도 3인칭 단수 현재처럼 몇 가지 규칙이 있습니다.

대개는 그냥 동사 끝에 ed를 붙입니다.

walked, worked, cooked, mixed, washed, finished

자음+y로 끝나면 y를 i로 바꾸고 ed를 붙입니다.

cry→cried, study→studied, try→tried, fry→fried

모음 한 글자+자음 한 글자로 끝나면 마지막 자음을 한 번 더 쓰고 ed를 붙입니다.

skip→skipped, stop→stopped, plan→planned

이외에도 규칙 없이 불규칙하게 변화하는 동사가 많아 우리를 힘들게 하죠. 어떤 동사는 현재형과 과거형이 동일하기도 합니다.

fly→flew, do→did, teach→taught, cut→cut, put→put

동사의 과거분사형도 있는데, 과거형과 같은 동사도 있고 다른 동사도 있습니다. 새로운 동사를 배울 때 늘 과거형과 과거분사형도 함께 살펴

Life is like riding a bicycle. To keep your balance you must keep moving.

Albert Einstein

인생은 자전거를 타는 것과 같다. 균형을 유지하려면 계속 움직여야 한다.

보는 습관을 들이면 시간이 흐름에 따라 동사가 점점 더 수월해질 것입니다.

동사는 문장을 이해하는 열쇠

자, 이제 사람이 많이 붐비는 아주 시끄러운 쇼핑몰에서 친구와 단둘이 걷고 있는 자신을 상상해 보세요. 친구가 뭐라고 얘기를 하긴 하는데 주변이 너무 시끄러워 잘 알아들을 수가 없습니다. 친구 표정이 심각해서 나중에 조용한 곳에서 다시 얘기하자고 하기가 미안합니다. 이때 상대방이 무슨 얘기를 하는 건지 잘 알아들으려면 어떻게 해야 할까요?

동사를 귀담아 들으면 됩니다.

"… 만났을… 첫눈에 반한… 생각나… 전화해서… 안 받아…."

영어에서도 핵심은 동사입니다. 동사에 따라 뒤에 올 말이 결정되기 때문이죠. 문장의 주어와 동사만 알아들으면 절반은 이해했다고 할 수 있습니다. 그래서 수많은 시험에서 동사를 찾으라는 문제가 다양하게 응용되어 출제됩니다.

특히 긴 문장을 듣거나 읽을 때 반드시 집중해야 하는 요소가 바로 동사예요. 동사는 살짝 형태가 바뀌기도 하고 아예 못 알아보게 변신하기도 하며, 조동사의 도움을 받는 등 변화무쌍하죠. 하지만 동사의 기본적인 형태와 쓰임새를 익히고 나면 다양하게 바뀌어도 한결 쉽게 파악할 수 있습니다. 친한 친구는 모습을 바꾸어도 쉽게 알아차릴 수 있는 것처럼 말이죠.

이렇게 중요한 동사를 문법적으로 비슷한 특성을 가진 것끼리 묶었더니 크게 5가지 패턴이 나왔습니다. 바로 문장의 5형식입니다. 이 세상의 모든 문장을 5가지 패턴으로 정리한 것입니다. 이제부터 문장의 5형식, 그것을 이루는 문장성분을 하나씩 살펴봅시다.

Chapter 4

문장의 종류는 5가지뿐이라고? 문장의 5형식

1형식 : 주어+동사

1형식 문장은 주어와 동사만으로 완전한 뜻을 나타낼 수 있는 문장을 뜻해요. 1형식에 쓰이는 동사를 완전 자동사라고 하죠. 자동사의 반대는 타동사로, 타동사는 목적어가 꼭 필요합니다. 자동사는 목적어가 필요 없는 동사죠.

Ladybug flies. 레이디버그가 난다.

Ladybug flies in the sky. 레이디버그가 하늘에서 난다.

Ladybug flies very well in the sky. 레이디버그가 하늘에서 아주 잘 난다.

밑줄 친 부분이 문장을 이루는 핵심 요소입니다. 수식어는 문장의 필수 성분이 아니에요. 수식어가 많이 붙으면 문장이 아주 길어질 수도 있지만, 중요한 건 주어와 동사라는 것, 잊지 마세요!

다른 예문도 살펴볼까요?

Pororo laughed loudly. 뽀로로가 큰 소리로 웃었다.

Pororo stayed there for a long time. 뽀로로는 거기에 오래 머물렀다.

Pororo suddenly disappeared yesterday night. 뽀로로가 어젯밤 갑자기 사라졌다.

긴 문장에도 도전해 보죠. 수식어에 현혹되지 않으면 문제 없어요!

Almost all public libraries in this city open on Sundays for the convenience and welfare of local residents. 이 도시의 거의 모든 공공도서관은 지역 주민들의 편의와 복지를 위해 일요일에 문을 연다.

꾸며주는 말이 없어도 충분하지만 수식어가 더해져 상세하고 풍부한 표현이 가능해지죠. 그렇더라도 이 문장은 주어+동사로 이루어진 1형식이랍니다. 이 핵심 요소에 수식어가 이것저것 많이 붙은 것뿐입니다.

Public libraries open. 공공도서관은 문을 연다.

한편, be동사가 '~에 있다, 존재하다'는 뜻으로 쓰일 때도 1형식이에요.

A piece of cake is on the table. 케이크 한 조각이 탁자 위에 있어.

Beauty is in the eye of the beholder.

아름다움은 보는 사람의 눈에 있다(제 눈에 안경이라는 속담, beholder : 보는 사람)

단, 주의할 사항이 있어요. 생략할 수 없는 수식어구도 있답니다. 위의 예문에서 be동사 다음에 오는 'on the table'이나 'in the eye of the beholder'와 같은 표현은 생략할 수 없는 필수 수식어구예요. 문법에는 예외가 많답니다. 인간 세상이 그러니까요. 수식어구는 문장의 필수 요소가 아니지만, 이 경우처럼 생략할 수 없는 경우도 있다는 점, 잊지 마세요!

1형식 동사 : 완전 자동사

그런데, 동사란 참 복잡미묘한 친구들이에요. 어떤 동사들은 평소에 쓰는 뜻이 아닌 특정한 의미로 쓰일 때만 1형식에 쓰인답니다. 잘 알고 있다고 믿었던 동사들의 두 얼굴을 살펴봅시다. matter처럼 주로 명사로 쓰이는 단어가 1형식 동사로 쓰이기도 합니다.

	일반적인 뜻	1형식에서의 뜻
do	~을 하다	충분하다
pay	지불하다	이익이 되다, 수지가 맞다
matter	문제	중요하다
work	일하다	작동하다

$10 will do to buy a couple of pens. 펜 몇 개를 사는 데 10달러면 충분할 거야.

This deal does not pay well. 이 거래는 수지가 맞지 않아.

Black lives matter. 흑인의 생명도 소중하다.

My old computer still works very well. 내 오래된 컴퓨터는 여전히 잘 작동해.

한편, be동사가 1형식으로 쓰이는 관용적 표현도 있습니다. '관용적 표현'

이란 오랫동안 쓰여서 습관으로 굳어진 표현을 뜻합니다. be동사가 1형식으로 쓰이는 대표적 형태로 there[here]+be동사+주어 구문이 있습니다. there은 '저기에', here은 '여기에'라는 뜻의 부사입니다. 주어+be동사+there[here] 형태로 쓸 수도 있지만, 대체로 there[here]이 문장의 앞으로 가서 위치가 뒤바뀐 형태로 많이 씁니다.

His smartphone is there. 그의 스마트폰이 저기에 있어.

→There is his smartphone. 그의 스마트폰이 있어.

'There is(are)~' 구문에서는 굳이 '저기에'로 해석하지 않고 '~가 있다'로 해석합니다. 즉, 물건이 어디에 있는지 장소를 가리키기보다는 어떤 것이 존재한다는 것을 나타내는 말입니다. 주어가 여럿이면 복수형으로, 시제가 과거면 be동사의 과거형을 쓰면 됩니다.

There was a chance. 기회가 있었다.

There were many people outside. 밖에 많은 사람이 있었다.

here도 there와 같은 어순으로 쓸 수 있지만 here+be동사는 there과 달리 '여기에'라는 장소의 의미가 여전히 남아있습니다.

My shoes are here. 내 신발이 여기에 있어.

→Here are my shoes. 내 신발이 여기에 있어.

2형식 : 주어+동사+보어

1형식에선 주어+동사만으로 완전한 뜻을 나타내는 게 가능했지만, 그렇지 않은 문장이 훨씬 더 많습니다. 예를 들어 주어+동사 구조인 'Leonardo is'는 말이 되지 않죠. 레오나르도가 대체 어떻다는 거죠? 'Leonardo is' 다음에 오는 것, 그것을 보어라고 합니다. 2형식에 쓰는 동사는 보어로 보충해줘야 하는 불완전한 존재죠. 그래서 이런 동사를 불완전 자동사라고 합니다.

Leonardo is handsome. 레오나르도는 잘생겼어.

Leonardo was the president of this company. 레오나르도는 이 회사의 사장이었어.

handsome, the president를 주격보어라고 해요. 주격보어가 될 수 있는 품사는 형용사와 명사입니다. 주격보어로 형용사가 오면 주어의 상태를 설명하고, 명사가 오면 주어가 곧 보어, 동격이라는 '주어=보어'의 등식 관계가 됩니다. 예문을 다시 살펴볼까요?

Leonardo is handsome.

형용사인 handsome은 잘생겼다는, 레오나르도의 상태를 설명하죠.

Leonardo was the president of this company.

명사인 the president는 레오나르도가 곧 사장이라는 동격 관계를 보여줍니다.

2형식 동사 : 불완전 자동사

주어+동사+보어의 2형식에서 가장 기본적인 동사의 형태는 be동사지만 일반동사도 있습니다. 2형식에 쓰는, 보어가 꼭 필요한 불완전 자동사들을 몇 가지로 나눠서 살펴보죠. 여기서 오감동사, 유지·지킴형 동사 같은 표현은 알기 쉽게 이름을 붙인 것일 뿐, 다른 영문법책에서도 일반적으로 쓰는 표현은 아닙니다.

① 오감동사

feel ~느낌이 나다 look ~보이다 sound ~들리다 smell ~냄새가 나다 taste ~맛이 나다

오감동사란, 5가지 감각을 나타내는 동사입니다. 뒤에서 다룰 지각동사와 헛갈리기 쉬우므로 꼭 외워 두는 게 좋아요.

I feel happy today. 나는 오늘 행복해.

The soup looks delicious. 스프가 맛있게 보여.

That sounds good. 그거 좋게 들리는군.

This pizza smells really good. 이 피자는 진짜 맛있는 냄새가 난다.

This orange tastes sour. 이 오렌지는 신맛이 나.

우리말로는 부사처럼 '~하게'로 해석되더라도 2형식 구문에서는 동사 다음에 형용사가 나와 보어로 쓰입니다. 부사는 보어가 될 수 없습니다.

② 유지·지킴형 동사

remain, keep, maintain, hold 버티다, 지속되다, 유지하다

유지·지킴형 동사는 어떤 상태가 지속해서 이어짐을 나타냅니다.

Her address remains unchanged. 그녀의 주소는 변함없어.

The comedian keeps silent. 코미디언이 침묵을 지킨다.

The contract holds good for 10 years. 계약은 10년 동안 유효하지.

③ 변화형 동사

become, grow, turn, fall, get, run ~가 되다, ~하게 되다, ~로 바뀌다

주어가 지금 상태 그대로 있는 게 아니라 변화한다는 것에 초점을 둔 표현입니다. grow는 갑작스러운 변화보다는 천천히 이루어지는 변화에, turn은 변화 자체에 초점을 둔 표현이죠. run은 움직임을 느끼게 해주는 역동적인 표현입니다.

Leonardo became an actor. 레오나르도는 배우가 되었어.

As we get older, our hair grows grey.

나이가 들면서 우리의 머리카락은 희끗해지지.

The leaves suddenly turned red. 나뭇잎이 갑자기 붉게 변했어.

It gets cold soon. 곧 추워진다.

This river will run dry soon. 이 강은 곧 말라버릴 거야.

동사와 형용사가 짝을 이룬 2형식으로 자주 쓰는 표현은 외워 두면 좋습니다.

go blind	눈이 멀다	fall asleep	잠들다	run short	부족하다
go bad	상하다	go mad	~에 미치다	grow fat	살찌다
come true	실현되다	turn pale	창백해지다	get old	늙다

3형식 : 주어+동사+목적어

3형식에선 1형식인 주어+동사에 목적어가 붙습니다. 목적어란 동사의 대상이 되는 말을 뜻하고 우리말에서 보통 '을/를'을 붙이는 말에 해당합니다. 목적어를 꼭 필요로 하는 동사를 타동사라고 하고 3형식에 쓰는 동사를 완전 타동사라고 합니다.

Olaf likes summer. 올라프는 여름을 좋아해.

My girlfriend will make spaghetti. 내 여자친구는 스파게티를 만들 거야.

3형식 또한 수식어가 붙으면서 문장이 복잡해질 수 있지만 수식어를 빼 버리고 나면 주어+동사+목적어만 남습니다. 문장을 볼 때 늘 필수 요소에 집중하는 훈련을 하면 좋습니다.

Einstein established the theory of relativity through his endless efforts in 1905. 아인슈타인은 그의 끊임없는 노력으로 1905년 상대성이론을 정립했다.

명사나 대명사만 목적어로 쓸 수 있는 것은 아닙니다. 동사를 명사 형태로 만든 동명사나, 의문사와 to부정사가 결합한 의문사'구'가 목적어로 사용되기도 합니다.

구가 뭐냐고요? '구(phrase)'는 두 개 이상의 단어로 이루어져 있으나 문장 형태는 갖추지 못한 단위를 뜻합니다. 앞의 문장에서 through his endless efforts는 여러 단어가 결합해 아인슈타인이 상대성이론을 정립할 수 있었던 수단이나 방법을 나타낸 부사구입니다. 아인슈타인의 위대한 업적은 '끊임없는 노력을 통해' 가능한 일이었죠. 다음 문장에서 what to do도 의문사와 to부정사를 결합해 명사처럼 쓴 (의문사)구입니다.

I enjoy swimming. 나는 수영하는 것을 즐겨. **(동명사 목적어)**

Tarzan expects to meet Jane soon.

타잔은 제인을 곧 만나기를 기대해. **(to부정사 목적어)**

I don't know what to do. 나는 뭘 해야 할지 모르겠어. **(의문사구 목적어)**

3형식 동사 : 타동사

조금만 더 깊게 들어가 볼까요? 목적어는 대부분 우리말의 '~을/를'로 해석이 됩니다. 그런데 반드시 그런 것은 아니거든요. 목적어는 동사가 나타내는 행위의 대상이 되는 말입니다. 경우에 따라 '~을/를'로 해석되지 않는 목적어를 가지는 타동사도 있어요. 이렇게 국어의 감각과 다른 점이 영어 문법의 어려운 부분이죠.

I couldn't buy it because it costs too much.

비용이 많이 들어서 나는 그것을 살 수 없었어.

Yellow color always suits you well. 노란색은 항상 네게 잘 어울려.

Mr. Seo outgrew his brother. 서씨는 그의 형보다 더 커졌어.

가슴 설레는 고백, "나랑 결혼해줄래?"를 영어로 써봅시다. 미국 영화나 드라마 등에서 자주 들어본 익숙한 표현입니다. '나와' 결혼하니 '~와/함께'라는 뜻인 with가 들어가야 할 것 같은 느낌적인 느낌(?)이 들죠.

Will you marry with me?

원어민에게 이렇게 물어보면 뺨을 맞을지도 모릅니다. 이렇게 말하면 어떤 뜻으로 들리냐고 원어민에게 직접 물어본 적이 있는데 말하는 분위기로 충분히 의도는 파악되지만 "나를 데리고 (다른 누군가와) 결혼할 거니?"라는 뜻으로 들릴 수 있다고 합니다. 이런 황당한 실수는 marry가 타동사임을 모를 때 발생합니다. 목적어는 타동사 바로 다음에 옵니다. 전치사가 중간에 끼면 안 됩니다.

with나 to, into, about 등의 전치사가 있어야 우리말 해석이 자연스럽지만, 목적어를 '을/를'로 해석하지 않고 전치사가 필요하지도 않은, 타동사 같지 않은 타동사로는 다음과 같은 것들이 있습니다.

resemble	~와 닮다	attend	~에 출석하다	join	~에 참가하다
marry	~와 결혼하다	approach	~에 접근하다	inhabit	~에 거주하다
address	~에 대해 연설하다	discuss	~에 대해 토론하다	leave	~에서 떠나다
accompany	~와 동행하다	mention	~에 대해 언급하다	enter	~에 들어가다

She didn't attend at the meeting. 그녀는 회의에 참석하지 않았어.

Will you join with us for dinner? 우리랑 저녁 식사 함께 하실까요?

Let's discuss about the problems first. 그 문제들에 대해서 먼저 토론하자.

Please enter into the elevator one by one. 한 명씩 엘리베이터로 들어가 주세요.

타동사+목적어+전치사구

누군가 이렇게 말했다고 생각해보죠.

The actor accused a netizen. 그 배우가 한 네티즌을 고소했다.

대부분의 사람들은 배우가 왜 네티즌을 고소했는지 그 이유가 궁금할 것입니다. 그 네티즌이 허위사실을 유포했는지, 악플을 달았는지 궁금해집니다. 이 문장은 주어+동사+목적어를 가진 완전한 문장이지만 2%

부족합니다. 구조는 완전하지만 내용이 부실해요. 좀 더 구체적으로 표현해볼까요?

The actor accused a netizen of spreading false information.

그 배우가 한 네티즌을 허위사실 유포로 고소했다.

이제야 의미가 정확해집니다. 목적어 뒤에 전치사구로 뜻을 더하는 방식입니다. of, for, with, from, to처럼 명사나 대명사 앞에 놓여 뜻이나 기능을 부가하는 단어를 전치사라고 합니다. 3형식 문장의 필수성분인 목적어 뒤에 전치사가 오면 문장의 뜻을 자세히 보충해줍니다. 타동사와 전치사가 짝을 이루어 자주 쓰이는데, 누가 누구와 짝인지 살펴봅시다.

① 전치사 of와 자주 쓰는 타동사

remind	회상하게 하다	accuse	고발하다	advise	충고하다
inform	알리다	notify	통지하다	warn	경고하다
assure	장담하다	convince	확신하게 하다	rob, deprive	훔치다, 빼앗다

This old golden watch reminds me of my grandfather.

이 오래된 금시계는 내 할아버지를 회상하게 해.

Please inform us of your schedule. 우리에게 당신의 일정을 알려주세요.

The bribery robbed the politician of his reputation.

뇌물수수가 그 정치인에게서 그의 명성을 앗아갔다.

You have to convince interviewers of your passion in the interview.

너는 면접에서 면접관들이 네 열정을 확신하게 해야 해.

② 전치사 for와 자주 쓰는 타동사

change	바꾸다	praise	칭찬하다	thank	감사하다

blame	비난하다	scold	야단치다	mistake	오해하다
forgive	용서하다	exchange	교환하다	criticize	비판하다

Many people blame him for his bad behavior.

많은 사람이 그의 나쁜 행동을 비난한다.

Matthew mistook the stick for a snake. 매슈는 그 막대기를 뱀으로 오해했어.

God will forgive him for what he did. 신은 그가 했던 일들을 용서할 거야.

③ 전치사 with와 자주 쓰는 타동사

compare	비교하다	fill	채우다	confuse	혼란하게 하다
share	나누다	replace	대체하다	provide, supply	제공(공급)하다

Don't compare yourself with others. 너 자신을 다른 사람과 비교하지 마라.

Famous chefs provided him with food.

유명한 요리사들이 그에게 음식을 제공했다.

I want to replace my old computer with a new one.

나는 나의 낡은 컴퓨터를 새 것으로 바꾸고 싶어.

④ 전치사 from과 자주 쓰는 타동사

restrain	제지하다	tell, distinguish, discern	구별하다
stop, prevent, prohibit, hinder, ban, inhibit, keep			금지하다(막다)

stop, prevent, prohibit, hinder, ban, inhibit는 원래부터 '금지하다'를 뜻하는 반면에, keep은 원래 '유지하다'를 뜻하지만, from과 함께 쓰이면 '금지하다'라는 반대의 뜻이 된다는 점에 유의합시다.

The heavy snow prevented him from going home.

폭설이 그가 집에 가는 것을 막았어.

The designer doesn't tell blue from green.

그 디자이너는 푸른색과 초록색을 구별하지 못하지.

tell은 '말하다' 외에 '구별하다'라는 뜻이 있습니다.

My mother kept me from traveling alone.

어머니는 내가 혼자 여행 가는 것을 막았어.

The security guards restrain people from climbing up the stage.

경호원들은 사람들이 무대 위로 올라가는 것을 제지한다.

⑤ 전치사 to와 자주 쓰는 타동사

explain	설명하다	suggest	제안하다	confess	자백(고백)하다
introduce	소개하다	announce	알리다	attribute	탓(덕분)으로 여기다
refer	알아보게 하다(참조하게 하다)				

My father explained it to me. 아버지가 나에게 그것을 설명했어.

The teacher often refers her students to a dictionary.

선생님은 학생들에게 자주 사전을 참조하게 해.

Elsa didn't confess her secret to Anna.

엘사는 애나에게 그녀의 비밀을 털어놓지 않았어.

The businessman attributed his success to good luck.

그 사업가는 자신의 성공을 행운 덕분으로 여겼어.

4형식 : 주어+동사+간접 목적어+직접 목적어

4형식은 '~을/를'로 주로 번역하는 목적어 앞에 '~에게'로 번역하는 목적어가 하나 더 있습니다. 즉, 목적어가 2개입니다. '~에게'로 번역하는 목적어를 간접 목적어라 하고 '~을/를'로 번역하는 목적어를 직접 목적어라 합니다. 일단은 간접 목적어가 앞에 오고 그 뒤에 직접 목적어가 온다고 알아두면 됩니다.

이렇게 두 개의 목적어를 가지는 4형식 동사를 수여동사라고 합니다. '~에게 ~을 준다(제공한다)'라는 의미를 가지고 있기 때문에 '수여'라는 이름을 붙였죠.

She sent me a book yesterday.

그녀는 어제 나에게(간접 목적어) 책 한 권을(직접 목적어) 보내주었어.

Please give me water. 내게(간접 목적어) 물(직접 목적어) 좀 주세요.

4형식을 3형식으로 바꾸기

수여동사를 쓰는 4형식 구조에서 간접 목적어와 직접 목적어의 어순을 바꾸면 3형식이 됩니다. '~에게(간접 목적어)'가 전치사를 하나 달고 뒤로 가면서 필수 문장성분이 아닌 부사구가 되기 때문입니다. 문법의 세계는 참 오묘합니다.

He gave his girlfriend flowers. (4형식 : 주어+(수여)동사+간접 목적어+직접 목적어)

→He gave flowers to his girlfriend. (3형식 : 주어+동사+목적어+부사구)

그는 그의 여자친구에게 꽃을 주었지.

간접 목적어가 뒤로 가면서 3형식이 될 때 필요한 전치사는 동사에 따라 다릅니다. 누가 누구와 짝이 되는지 살펴봅시다.

① 전치사 to를 쓰는 동사

give	주다	offer	제공하다	lend	빌려주다
teach	가르치다	show	보여주다	send	보내다
promise	약속하다	bring	가져오다	pay	지불하다

She sent me a message.

→She sent a message to me. 그녀는 내게 메시지를 보냈어.

He shows me his report.

→He shows his report to me. 그는 내게 그의 보고서를 보여준다.

② 전치사 for를 쓰는 동사

make	만들다	find	찾다	choose	선택하다	order	주문하다
get	주다	buy	사다	cook	요리하다	sing	노래하다

Mom will buy her child a toy.

→Mom will buy a toy for her child. 엄마가 아이에게 장난감을 사줄 거야.

I made her a birthday cake.

→I made a birthday cake for her. 나는 그녀에게 생일케이크를 만들어주었어.

③ 전치사 of를 쓰는 동사

ask 묻다 require 요구하다 beg 간청하다

He asked me a question.

→He asked a question of me. 그는 나에게 질문 하나를 했어.

5형식 : 주어+동사+목적어+목적보어

자, 이제 거의 다 왔습니다. 조금만 더 버티면 문장의 5형식을 손아귀에 넣을 수 있습니다. 5형식은 주어+동사+목적어의 기본 구조에 목적어를 보충해주는 목적보어가 추가된 형태입니다. 5형식에 쓰는 동사를 불완전 타동사라고 하죠. 목적보어가 필요한 불완전 타동사로는 다음과 같은 동사들이 있습니다.

call	부르다	name	~로 이름 짓다	select	선택하다
appoint	임명하다	keep	유지하다	find	발견하다

목적보어로 다양한 형태가 오므로 복잡하게 느껴질 수도 있지만 비슷한 것끼리 묶어서 살펴보면 쉽게 파악할 수 있습니다. 문법이란 결국 방대한 언어에서 일정한 패턴을 찾아 정리해 놓은 것입니다. 그중에서도 자주 쓰이는 규칙에 익숙해질수록 읽기 속도가 빨라집니다. 문법 공부는 시험을 잘 보기 위해서만이 아니라 영어를 잘하기 위해 필요합니다.

명사나 형용사를 목적보어로 쓰는 경우

목적보어로 명사가 오면 목적어와 등식(=)의 관계, 즉 동등한 관계를 나타내고 형용사가 오면 목적어의 상태나 성질을 설명하죠. 주격보어는 주어와 동격이거나 주어의 상태를 설명하고, 목적보어는 목적어와 동격이거나 목적어를 설명합니다.

You can call me just Kenneth. 너는 나를 그냥 케네스로 불러도 돼. (나=케네스)

The president will appoint him the Minister of Defense.

대통령이 그를 국방부 장관으로 임명할 것이다. (그= 국방부 장관)

여기서 조동사 can, will은 독립적으로 쓸 수 없고, 반드시 동사와 함께 써야 합니다. 'can(will)+동사'를 한 묶음으로 봅니다.

You have to keep your room clean all the time.

너는 항상 네 방을 깨끗하게 유지해야 해. (목적어의 상태)

I found the window open when I arrived at the office.

사무실에 도착했을 때 나는 창문이 열려 있는 것을 발견했어. (목적어의 상태)

목적보어의 여러 형태 중 유의해야 할 것들을 살펴볼까요? 동사에 따라 다음과 같은 형태의 목적보어와 짝을 이룹니다.

① to부정사 목적보어

allow	허락하다	ask	묻다	cause	유발하다
urge	촉구하다	permit	허락하다	tell	말하다
force	강요하다	encourage	북돋우다	compel	강요하다

My mom does not allow me to come home late at night.

엄마는 내가 밤늦게 집에 오는 것을 허락하지 않아.

I urged him to stay here with me until tomorrow.

나는 그가 내일까지 여기에 나랑 함께 머물기를 요구했어.

She forced him to sign the document without any additional explanation.

그녀는 어떤 추가 설명도 없이 그가 서류에 서명하도록 강요했어.

Wendy encouraged her brothers to read more books.

웬디는 그녀의 남동생들이 더 많은 책을 읽도록 격려했어.

② 생략 가능한 to be 다음에 나오는 목적보어

believe	믿다	guess	추측하다	think	생각하다
consider	고려하다	know	알다	find	찾다
assume	가정하다	suppose	생각하다	declare	선언하다

I believe him (to be) honest. 나는 그가 정직하다고 생각해.

We don't consider him (to be) a hero. 우리는 그가 영웅이라고 생각하지 않아.

I found her (to be) clever. 나는 그녀가 똑똑하다는 걸 알아냈어.

People think the turtle (to be) diligent.

사람들은 거북이가 부지런하다고 생각해.

③ as와 함께 쓰는 목적 보어

regard A as B	A를 B로 간주하다(여기다)	refer to A as B	A를 B로 언급하다
treat A as B	A를 B로 다루다(대접하다)	define A as B	A를 B로 정의하다
consider A as B	A를 B로 고려하다	describe A as B	A를 B로 묘사하다
think of A as B	A를 B로 생각하다	take A as B	A를 B로 여기다

Monica still treats her son as a child.

모니카는 그녀의 아들을 아직도 어린애 취급해.

Don't regard me as a fool. 날 바보로 여기지 마.

The economist defines economy as the movement of money.

그 경제학자는 경제를 돈의 이동으로 정의한다.

Spider-Man takes Iron Man as his mentor.

스파이더맨은 아이언맨을 그의 멘토(스승, 지도자)로 여겨.

가목적어, 진목적어를 목적보어와 함께 쓰는 경우

일반적으로 타동사 다음에 바로 목적어가 나옵니다. 그런데 to부정사의 형태를 취하면서 목적어가 길어지는 경우가 있습니다. 이럴 때 긴 문장을 깔끔하게 정리하기 위해 목적어 자리에 가짜 목적어 it을 쓰고 진짜 목적어는 뒤에 씁니다.

believe	믿다	feel	느끼다	find	찾다
make	만들다	think	생각하다	leave	맡기다, 남겨두다

Griffin thought it difficult to finish the project within today. 그리핀은 그 프로젝트를 오늘 안에 끝내기 어렵다고 생각했어. (가목적어 it = 진목적어 to부정사)

New technology makes it possible to create on-line learning. 새로운 기술이 온

라인 학습경험을 창조하는 것을 가능하게 한다. (가목적어 it = 진목적어 to부정사)

Leave it to his own judgement to go there!

거기에 가는 것을 그 자신의 판단에 맡겨라! (가목적어 it + 부사구 + 진목적어 to부정사)

바로 앞의 문장은 to부정사가 진목적어인데, 가목적어와 진목적어 사이에 전치사 to로 시작되는 부사구도 나옵니다. 문법을 확실하게 이해하지 않으면 이런 문장을 해석할 때 헷갈리기 쉽습니다.

문장의 5형식을 모두 살펴보았습니다. 이 세상의 모든 문장이 다 5형식으로 이루어져 있다고 생각하면 자신감이 생기지 않나요?

문장 형식을 한 단계 더 깊이 이해하기

지금까지 1형식부터 5형식까지 차례로 살펴보았는데요. 여기서는 문장 형식을 넘나들며 한 단계 더 깊게 들어갑니다.

같은 동사를 여러 형식에 사용할 수 있다?

같은 동사를 의미와 쓰임에 따라 여러 형식에 사용할 수 있습니다.

turn

The earth turns around the sun. (1형식 : 주어+동사+부사구) 지구는 태양 주위를 돈다.

The leaves on the trees turned red. (2형식 : 주어+형용사구+동사+보어)

나뭇잎이 붉게 물든다.

He turned his face to her. (3형식 : 주어+동사+목적어+부사구)

그는 그녀에게 얼굴을 돌렸다.

make

She made an apple pie. (3형식 : 주어+동사+목적어) 그녀는 사과파이를 만들었다.

I made her a small wooden table. (4형식 : 주어+동사+간접목적어+직접목적어)

나는 그녀에게 작은 나무 탁자를 만들어 주었다.

Her smile always makes me happy. (5형식 : 주어+부사+동사+목적어+목적보어)

그녀의 미소는 늘 나를 행복하게 만든다.

지각동사

5형식을 만드는 대표적인 동사로 지각동사가 있습니다. 감각기관을 통해 보고, 듣고, 냄새를 맡고, 맛보고, 느끼는 것을 표현하는 동사입니다. see, watch, look at, feel, hear, listen to, smell처럼 직접 느끼는 감각뿐만 아니라 어떤 식으로든 정보를 지각하고 인지하는 notice(알다, 주목하다), observe(관찰하다), recognize(알아보다) 등도 모두 지각동사입니다.

지각동사 중 '보다'의 뜻을 지닌 동사로는 see, watch, look at 등이 있습니다. 이렇게 여러 단어가 있는 이유는 미묘한 어감 차이 때문입니다. see는 굳이 의도하지 않고 자연스럽게 보는 상황일 때 씁니다(I saw him at the party 나는 그를 파티에서 보았다). watch는 움직이거나 변화하는 어떤 사물을 일부러 시간을 들여 보는 것을 말합니다. 대표적으로 '영화를 보다'라는 표현을 'watch a movie'라고 합니다. look at은 어떤 것을 보기 위해 시선이나 고개를 돌려 일부러 쳐다보는 것을 말합니다(Look at the people over there! 저기 저 사람들을 봐!).

listen to와 hear의 차이는 무엇일까요? hear은 소리가 들리는지 안 들리는지 얘기할 때 씁니다(I can't hear you. 네가 뭐라고 하는지 안 들려). listen to는 적극적인 의지를 갖고 들을 때 사용합니다(Listen to me! 내 말을 들어봐!). 뭔가를 듣고 그것을 이해한다는 것까지 포함하는 의미를 지닙니다.

목적어와 목적보어의 능동·수동 관계

5형식 문장을 깊이 있게 이해하기 위해서는 수동과 능동, 현재분사와 과거분사를 이해해야 합니다. 뒷부분에서 자세히 다루는 내용이니 여기서는 기본 개념만 살펴보겠습니다.

능동은 스스로 움직이거나 작동하는 것을 뜻하고, 수동은 다른 사람이나 사물의 힘을 받아 움직이는 것을 뜻합니다. '주어+동사+목적어+목적보어'의 5형식 구조에서 목적어와 목적보어의 관계가 능동인지, 진행인지, 수동인지 파악하는 것이 중요합니다. 그 관계에 따라 목적보어 자리에 올 수 있는 단어의 형태가 달라지기 때문이에요.

현재분사는 동사 뒤에 ~ing가 붙어서 '능동이나 진행'의 의미를 나타내고 과거분사는 Past Participle의 앞 글자를 따서 흔히 p.p라고 쓰는데 '수동이나 완료'의 의미를 나타냅니다. 과거분사는 '동사원형+ed' 형태가 일반적이지만, 불규칙적으로 변하는 동사도 많아요. 동사원형-과거-과거분사 형태가 어떻게 달라지는지 '동사의 3단 변화'라고 해서 외우는데 그만큼 많이 쓰기 때문입니다. 자주 쓰는 불규칙동사의 3단 변화는 영어교재 맨 뒤에 흔히 수록되어 있고 인터넷에 검색해보면 쉽게 찾을 수 있어요. 과거분사는 앞으로 공부할 완료시제나 수동태에서 쓰기도 하고 보어로 쓸 때는 형용사 역할을 하기도 합니다.

	능동	능동/진행	수동/완료
지각동사	동사원형	현재분사(~ing)	과거분사(p.p)

I saw you dance. (능동, 동사원형) 나는 춤추는 너를 보았어.

I saw you dancing. (진행, 현재분사) 나는 춤추고 있는 너를 보았어.

I heard my name called. (수동, 과거분사) 나는 내 이름이 불리는 것을 들었어.

사람인 목적어(you)가 직접 춤추는(dance) 것은 능동이나 진행으로 표현합니다. 반면 사람에게 속하긴 하지만, 추상적인 대상인 나의 이름(my name)은 '불리는(called)'이라는 수동으로 표현합니다. 사람에게 속한 신체의 일부도 능동이 아니라 수동으로 표현합니다. 예를 들어, 내 어깨가 뭔가에 닿은 느낌을 받았다고 합시다. 내 어깨 입장에서는 닿은(능동) 것일까요? 접촉 당한(수동) 것일까요? 물론 접촉 당한다는 건 우리말에서는 참으로 어색한 표현이긴 합니다만.

I felt my shoulder touched. 나는 내 어깨가 접촉 당하는(?) 것을 느꼈다.

이 부분에 대해 간혹 이해하기 어렵다고 호소하는 학생들이 있습니다. 똑같이 내 몸으로 하는 것이지만, 춤추는 것은 자발적인 의지로 하므로 능동 형태의 목적보어가 오고, 어깨는 자발적인 의지로 뭔가 할 수 없으므로 수동 형태의 목적보어가 옵니다.

사역동사

언어마다 표현상 강점을 보이는 특징이 있습니다. 친인척을 나타내는 말이나 다양한 색깔을 나타내는 말은 우리말을 따라올 언어가 있을까 싶어요. 한편, 사역동사는 정확한 논리를 중시하는 영어의 특징을 잘 보여줍니다. 능동과 수동도 우리말의 감각과 상당히 다르지만, 그보다 더 생소한 표현이 사역동사입니다.

'모두가 그녀를 사랑한다'라는 말을 영어로 옮겨보면 'Everyone loves her'가 됩니다. 문장에서 동사를 행동으로 옮기는 당사자가 주어입니다. 이 문장에서 '사랑한다(loves)'라는 행위의 주체는 당연히 '모든 사람(Everyone)'입니다.

자, 그러면 이번에는 '나는 어제 머리를 깎았다'라는 표현을 한번 보죠. 우리말을 그대로 영어로 옮기면 'I cut my hair yesterday'입니다. 그런데 미용실에서 머리를 깎았다면 내가 직접 머리를 깎은 것이 아니기 때문에 주어인 내(I)가 동사(cut)를 실행한 주체가 아닙니다. 그래서 영어에서는 틀린 문장이 됩니다. 물론 직접 깎을 수도 있는데 그 경우는 주어 I 다음에 myself를 쓰거나 문장의 맨 끝에 for myself를 넣는 것이 자연스럽습니다.

I cut my hair yesterday. 나는 어제 머리를 깎았다. (X)

이렇게 내 의지로 하지만 내가 직접 실행하는 게 아닌 경우에 쓰는 동사를 사역동사라고 합니다. 사역(使役)이라는 말의 사전적 의미는 '누구를 부려 일을 시킴'입니다. 우리말로는 '~하게 하다, ~시키다' 또는 '~당하다'로 해석할 수 있습니다. 주어가 시키거나 부탁해서 혹은 하도록 허락해서 '~되도록(하도록) 한다'는 뜻입니다. '~를 하게 하다'라는 뜻을 지닌 let, have, make, get이 바로 사역동사입니다. 사역동사 have를 사용해 앞의 예문을 올바르게 쓰면 이렇게 되죠.

I had my hair cut yesterday. 나는 어제 머리를 깎았다. (O)

직역을 하면 '나는 어제 머리를 깎여지도록 했다'가 됩니다. 주어에게 이익이 될 때는 '~하게 하다/시키다'의 의미로 해석하고 주어에게 손해가 될 때는 '~당하다'로 해석합니다.

Angelina had her kids wash their hands before meals.

앤젤리나는 아이들에게 식사 전에 손을 씻게 했다.

Patrick had his cell phone stolen. 패트릭은 그의 휴대전화를 도난당했다.

지각동사와 마찬가지로 사역동사도 '주어+동사+목적어+목적보어' 5형식 구조에서 목적어와 목적보어의 관계가 능동·진행인지 수동·완료인지에 따라 목적보어의 형태가 달라집니다.

<table>
<tr><th></th><th>능동/진행</th><th>수동/완료</th></tr>
<tr><td>let</td><td rowspan="3">+목적어+동사원형</td><td>+목적어+be p.p</td></tr>
<tr><td>have</td><td rowspan="3">+목적어+p.p</td></tr>
<tr><td>make</td></tr>
<tr><td>get</td><td>+목적어+to 동사원형</td></tr>
</table>

① 능동인 경우 : 동사원형이나 to부정사 목적보어

Daniel let her daughter go there alone.

대니얼은 딸이 혼자 그곳에 가는 걸 허락했다.

I had the man fix my car. 나는 그 남자에게 내 차를 고쳐달라고 했어.

My mom made me clean my room. 엄마는 내가 내 방을 청소하도록 시켰어.

Angelina got her son to carry the luggage.

앤젤리나는 그녀의 아들이 그 가방을 옮기도록 했다.

② 수동인 경우 : 과거완료(p.p)나 be+p.p 목적보어

Don't let the TV be turned on. TV를 켜 두지 마라.

I had my car fixed. 나는 내 차가 고쳐지도록 했어.

My mom made my room cleaned. 엄마는 내 방이 청소되도록 했어.

He got his paper reviewed. 그는 그의 논문이 검토되도록 했다.

사역동사를 그냥 '시키다'로만 해석할 수는 없고, 동사마다 미묘한 뜻의 차이가 있습니다.

let은 허락한다는 의미가 있습니다.

My mom didn't let me go there alone.

엄마는 내가 혼자 거기에 가는 것을 허락하지 않았다.

have는 과정을 강조하며 부탁한다는 느낌이 있습니다.

My computer is too slow. So I will have it checked.

내 컴퓨터가 너무 느려서 점검 좀 받아야겠어.

make는 강제로 시킨다는 의미가 있습니다.

My boss made me finish the job by tonight.

나의 직장 상사는 오늘밤까지 내가 그 일을 끝내도록 시켰지.

get은 일상적인 일의 결과를 말하거나 설득해서 하게 할 때 씁니다.

I got my car watched yesterday. 나는 어제 세차를 했어.

Elizabeth got him to sit down. 엘리자베스는 그를 앉게 했다.

Chapter 5

영어의 꽃, 형용사와 부사의 역할

형용사와 부사가 없다면?

꽃은 생활필수품이 아닙니다. 생태계에서는 중요한 역할이 있고, 세상을 아름답고 생기 있게 해주지만, 당장 우리 생활에서는 꽃이 없어도 먹고사는 데 큰 지장은 없습니다. 그러나 꽃이 빠질 수 없는 순간들이 있죠. 가슴 떨리는 사랑 고백, 기쁨으로 가득 찬 졸업식, 신부의 손에 들린 예쁜 부케…. 영어에서 형용사와 부사는 꽃과 같습니다. 많은 경우 생략하는 게 가능하지만, 때로는 없어서는 안 될, 풍부하고 깊은 의미를 더해 줍니다. 먼저 형용사부터 살펴볼까요?

형용사의 역할

형용사가 없는 영어는 상상할 수조차 없습니다. 일단 단어의 수 자체가 엄청나게 많습니다. 그렇지만 형용사의 기능은 꾸며주는 역할(수식어)과 설명해주는 역할(보어)의 두 가지로 간단하게 정리할 수 있어요.
첫 번째, 형용사는 명사를 꾸며주며 좀 더 구체적으로 한정하는 역할을 합니다. 사과를 얘기할 때 큰 사과, 작은 사과, 달콤한 사과 등 형용사로 명사를 꾸며주면(수식하면), 더 확실한 의사소통을 할 수 있습니다.

I like big apples. 나는 큰 사과를 좋아해.

small apples. 나는 작은 사과를 좋아해.

sweet apples. 나는 달콤한 사과를 좋아해.

그러나 여기서 형용사는 꾸미는 역할이므로 안 써도 말이 됩니다. I like

apples라고만 해도 되죠.

형용사는 보통 명사 앞에 위치하여 명사를 꾸미지만 ~thing, ~body, ~one으로 끝나는 대명사를 수식할 때는 뒤에 위치합니다.

I needed something special for her birthday.

나는 그녀의 생일을 위해 특별한 뭔가가 필요했어.

Anyone healthy can do it. 건강한 누구라도 그것을 할 수 있지.

두 번째, 형용사는 문장에서 보어로 씁니다. 문장의 5형식에서, 2형식의 주격보어와 5형식의 목적보어 자리를 형용사가 꿰찰 수 있죠. 이렇게 보어로 쓸 때는 절대 생략할 수 없는 문장의 필수 성분입니다.

Economy is important in our lives. 경제는 우리 삶에서 중요해. (주격보어)

I thought the movie interesting. 나는 그 영화가 흥미롭다고 생각했어. (목적보어)

영어에서 우리가 알고 있는 대부분의 형용사는 이 두 가지 역할을 다 하지만 한 가지 역할만 하는 형용사들이 있습니다. 예를 들면, main issues(주된 문제)라고는 쓰지만 He is main(그는 주가 된다)이라고는 쓰지 않죠. 또 He is upset(그는 화났다)라고는 쓰지만 the upset man(화난 남자)라고는 쓰지 않습니다. 이렇게 쓰임이 제한된 형용사들을 살펴봅시다.

명사 수식만 가능한 형용사

only	유일한	major	주요한
inner	안의	outer	밖의
upper	위쪽의	former	이전의
live	살아있는	main	주요한, 가장 큰
drunken	술 취한	entire	전체의, 모든
golden	금으로 된	wooden	나무로 된

right	오른쪽의	left	왼쪽의

The drunken tiger is sleeping. 그 술 취한 호랑이는 자고 있어. (O)

He is drunken. 그는 술 취한 상태야. (X)

올바른 표현은 He is drunk입니다.

The entire time we spent together was fantastic.

우리가 함께 보낸 모든 시간은 환상적이었어. (O)

His idea is entire. 그의 생각은 전체적이야. (X)

올바른 표현은 His idea is inclusive/comprehensive(포괄적인)입니다.

보어로만 쓰는 형용사

alive	살아있는	alone	홀로 있는
asleep	잠든	afraid	두려워하는
aware	알고 있는	alike	~와 같은, ~를 닮은
awake	잠이 깬	ashamed	수줍어하는
content	만족한	drunk	술 취한
glad	기쁜	fond	좋아하는
sorry	미안한	upset	화난

a로 시작하는 형용사가 주로 보어로만 쓰이므로 a~ 유형의 형용사와 그렇지 않은 형용사로 나누어서 암기하면 좋습니다.

A baby is asleep. 아기가 자고 있어. (O)

Asleep baby is cute. 잠든 아기는 귀여워. (X)

잠든 아기는 a sleeping baby라고 합니다.

He should be ashamed of himself to do so.

그런 짓을 하다니 그는 부끄러워해야 해. (O)

He is an ashamed person. 그는 부끄러워하는 사람이야. (X)

부끄러워하는 사람은 a shy person이라고 표현합니다.

용법에 따라 의미가 달라지는 형용사

명사의 수식어, 문장의 보어로 쓰이는 두 가지 역할 다 가능하지만, 어떤 역할이냐에 따라 뜻이 달라지는 형용사들이 있습니다.

	certain	right	present
명사 수식	어떤, 어느, 특정한	오른쪽의	현재의
보어	확실한, 확신하는	(판단, 의견 등이) 옳은, 맞은	출석한

The certain amount of light is always needed to grow crops.

어느 정도의 빛은 작물을 재배하기 위해 항상 필요하지.

Diana was not certain whether she should follow it.

다이애나는 자신이 그것을 따라야 할지 아닐지 확신하지 못했어.

Take a right turn at the next intersection. 다음 교차로에서 우회전하세요.

Was Henry right to leave the country? 헨리가 그 나라를 떠난 것은 옳았는가?

The present situation is serious. 현재 상황이 심각해.

Matthew was present but Keith was absent in the class.

매슈는 수업에 출석했고 키스는 결석했어.

부사의 역할

센스 있는 귀걸이, 넥타이 핀 하나가 패션을 완성합니다. 꼭 필요한 건 아니지만, 빠지면 어딘지 모르게 허전하고 잘 사용하면 빛이 납니다. 영어에서 부사는 그런 존재죠. 형용사는 보어로 쓰이면 생략할 수 없지만, 부사는 문장의 필수 성분이 아니라서 일부 예외를 제외하고는 생략해도 됩니다. 동사, 형용사, 또 다른 부사, 아니면 문장 전체를 꾸며서(수식해서) 더 멋진 문장을 만듭니다.

단점도 있어요. 부사 때문에 문장이 길어지고 문장의 뼈대인 주어+동사가 무엇인지 파악하기 어렵게 되기도 하죠.

Emily dances nicely. 에밀리는 멋지게 춤춰. **(동사 수식)**

This is very sad movie. 이것은 아주 슬픈 영화야. **(형용사 수식)**

Thank you so much. 아주 많이 고맙습니다. **(부사 수식)**

Fortunately, he made it. 운 좋게도, 그는 해냈어. **(문장 전체 수식)**

원래 품사가 부사인 단어도 있고 형용사에 ly를 붙여 부사를 만들기도 합니다. ly를 붙여 부사를 만들 때 형용사의 끝에 오는 자음이나 모음에 따라 형태가 좀 달라지는데, 그 유형은 다음과 같습니다.

형용사+ly

poorly 형편없이, 저조하게 beautifully 아름답게 greatly 위대하게 warmly 따뜻하게 brightly 밝게 rudely 무례하게

자음+y로 끝나는 단어는 y를 i로 바꾼 후 +ly

easy→easily 쉽게 happy→happily 행복하게 lucky→luckily 운 좋게 heavy→heavily 심하게

-le, -ue로 끝나는 단어는 e를 없애고 +ly

noble→nobly 고상하게 whole→wholly 전적으로 gentle→gently 부드럽게 true→truly 정말로

액자 하나, 꽃병 하나도 주변과 잘 어울리는 자리가 있고, 뭔가 어색한

생뚱맞은 자리가 있습니다. 부사도 마찬가지예요. 부사는 보통 수식하는 어구 가까이에 오는데 일정한 규칙이 있습니다.

형용사나 부사를 꾸밀 때는 수식하는 말 바로 앞에 옵니다.

He is very tall. 그는 키가 아주 커.

Thank you so much. 아주 많이 고맙습니다.

반면, 자동사를 꾸밀 때는 자동사 뒤, 타동사를 꾸밀 때는 목적어 뒤에 옵니다.

Julie talks fast when she is upset. 줄리는 화날 때 빠르게 말해.

Anna was petting the dog gently. 애나는 강아지를 부드럽게 쓰다듬고 있었지.

문장 전체를 꾸밀 때는 문장 맨 앞이나 맨 뒤에 옵니다.

The gladiator lost the game, unfortunately. 그 검투사는 불행히도 경기에 패했어.

Frankly, I didn't believe in God. 솔직히 나는 신을 믿지 않았다.

형용사와 부사 두 가지 역할이 가능한 단어들

	high	fast	hard	late	early	long	well
형용사	높은	빠른	어려운	늦은	이른	긴	건강한
부사	높게	빠르게	열심히	늦게	일찍	오래	잘

형용사와 부사 형태가 같은 단어는 문장 안에서의 역할에 따라 품사를 구분합니다.

How high is the mountain? 그 산은 높이가 얼마나 되니? **(형용사)**

The athlete can jump very high. 그 육상선수는 아주 높게 점프할 수 있어. **(부사)**

Dylan was late yesterday. 딜런은 어제 지각했어. **(형용사)**

He always comes late. 그는 항상 늦게 와. (부사)

Let's make an early start tomorrow. 내일 아침 이른 출발을 하자. (형용사)

My mom gets up early in the morning. 엄마는 아침에 일찍 일어나. (부사)

-ly가 붙으면 전혀 다른 뜻이 되는 부사

원래는 형용사와 부사가 형태가 같은데, -ly가 붙으면 다른 뜻이 되는 부사도 있습니다.

late	high	hard	close	near
늦은, 늦게	높은, 높게	어려운, 열심히	가까운, 가까이	가까운, 가까이
lately	highly	hardly	closely	nearly
최근에	아주, 매우	거의 ~않다	자세히	거의

The mountain stands high. 산이 높게 서 있어.

The researcher a highly qualified expert. 그 연구원은 고도의 자격을 갖춘 전문가야.

Eddy studies math really hard. 에디는 정말 열심히 수학을 공부하지.

It's hard for people to change their habits.

사람이 자신의 습관을 바꾸는 것은 어려워.

I can hardly believe it. 나는 그것을 거의 믿을 수 없어.

You will be rich in the near future. 당신은 가까운 미래에 부자가 될 것입니다.

Christmas is getting near. 크리스마스가 가까워지고 있어.

It is nearly time to leave. 떠날 시간이 거의 다 됐네.

-ly로 끝나지만 부사가 아닌 형용사

friendly	다정한	unfriendly	불친절한
costly	비용이 많이 드는	silly	어리석은

orderly	정돈된	timely	시기적절한
daily	매일의	monthly	매월의, 월간의
yearly	매년의, 연간의	lonely	외로운, 쓸쓸한
lovely	다정한	deadly	치명적인

Olaf is such a friendly person. 올라프는 아주 다정한 사람이야.

Thank you for your timely advice. 당신의 시의적절한 충고에 감사합니다.

How long does it take to make the monthly report?

월간 보고서를 만드는 데 얼마나 걸려?

It is a very lonely night. 아주 쓸쓸한 밤이야.

Some houses were destroyed by the deadly tornado.

치명적인 토네이도에 집들이 파괴되었지.

부사구

한 단어로 된 부사가 동사, 형용사 그리고 또 다른 부사를 꾸미기도 하지만 여러 단어가 결합해 부사 역할을 하기도 합니다. 주어+동사 구조일 때는 부사절이라고 하고, 주어+동사 구조가 아닐 때는 부사구라고 합니다.

앞서 문장형식 중 3형식 문장 I don't know what to do에서 what to do라는 의문사구가 목적어가 된다고 하면서 구에 대해 간략하게 언급했는데요. 부사구와 부사절을 설명하며 구(phrase)와 절(clause)을 자세히 짚고 넘어가도록 하죠.

어떤 사람이 제게 중학교 2학년 때 영어를 포기했다고 고백한 적이 있습니다. 당시 뭐가 그렇게 어려웠는지 조심스럽게 물어봤더니 또렷이 기억하고 있었죠. '구와 절이라는 용어가 등장했을 때'라고 했습니다. 그땐 그 용어가 그렇게 난해하게 느껴질 수가 없었다는 것이었습니다. 아뿔싸! 이 쉬운 개념이 왜 그렇게 어려웠을까요? 구와 절은 모든 언어에서 가장 기본적인 개념인데 말입니다. 구와 절이 어려운 개념이라서가 아니라 한 번도 제대로 배울 기회가 없었던 게 문제 아닐까요?

구는 주어+동사가 없는 단어들의 묶음이고, 절은 주어+동사가 있는 단어들의 묶음입니다. 어떤 품사의 역할을 하는 단어들의 모임이 주어+동사의 구조가 있느냐 없느냐에 따라 명사절/명사구, 형용사절/형용사구, 부사절/부사구가 됩니다.

A cat is sleeping on the sofa. 고양이가 소파 위에서 자고 있어.

여기서 on the sofa는 자고 있다를 수식하는 부사구입니다. 부사 역할을 하면서 주어+동사 구조가 아니고 전치사+정관사+명사 구조이니 부사절이 아닌 부사구인 거죠. 부사구와 부사절은 시간, 이유, 대조(양보), 조건, 상태 등을 나타내는데 먼저 부사구부터 살펴보겠습니다.

시간을 나타내는 부사구

David published many books during his life.

데이비드는 일생 동안 많은 책을 출판했습니다.

Don't give up until the last minute! 마지막 순간까지 포기하지 마!

I have to submit the report by Friday. 나는 금요일까지 보고서를 제출해야 해.

여기서 잠깐! until과 by는 둘 다 ~까지로 해석하지만, 뜻이 약간 다릅니다. until은 정해진 시점까지 쭉 이어진다는 계속의 뜻이 있습니다. 앞의 문장에서는 끝을 보기 전까지는 포기하지 말고 뭔가를 계속 하라는 의미입니다.

반면 by는 계속 한다는 의미 없이 특정 시점까지만 완료하면 된다는 뜻입니다. no later than, 즉 '~보다 늦지 않게'라는 뜻입니다. 보고서를 수요일에 제출해도 되고, 목요일에 제출해도 됩니다.

이유를 나타내는 부사구

James missed the flight because of a traffic jam.

교통체증 때문에 제임스는 비행기를 놓쳤어.

I could finish the work thanks to her help.

그녀의 도움 덕에 나는 일을 마칠 수 있었지.

대조(양보)를 나타내는 부사구

I acted foolishly in spite of his advice.

그의 충고에도 불구하고 나는 바보처럼 행동했어.

Despite her old age, Jenifer is still in good health.

많은 나이에도 불구하고 제니퍼는 여전히 건강했어요.

조건을 나타내는 부사구

We have to set aside a little money in case of an emergency.

비상시를 대비해서 우리는 돈을 좀 남겨두어야 해.

상태를 나타내는 부사구

His speech started with loud applause.

큰 박수갈채와 함께 그의 연설은 시작되었다.

Claire was driving along the dark road.

클레어는 어두운 길을 따라 운전하고 있었어.

부사절

앞서 말했듯, '절'은 주어+동사의 문장 형태를 갖추고 있습니다. 주어+동사 구조가 하나라면 그냥 한 문장이니 절이라는 표현을 쓸 필요가 없습니다. 절은 한 문장 내에 주어+동사 구조가 2개 이상일 때 그 구조를 하나씩 가리키는 표현입니다. 이때 문장의 핵심적인 의미를 담은 주어와 동사가 있는 절을 '주절'이라고 합니다. 주절을 꾸미거나 주절에 덧붙여 좀 더 자세한 설명을 해주는 절은 '종속절'이라고 합니다.
부사절은 시간, 이유, 대조(양보), 조건, 목적 등을 나타내는 종속절입니다. 주절 앞에 나오면 종속절 다음에 쉼표를 넣습니다. 영어는 중요하게 여기는 정보를 앞에 쓰는 경향이 강합니다. 그래서 우리말 해석은 같더라도 주절을 먼저 쓰는지, 종속절을 먼저 쓰는지에 따라 강조점이 달라집니다.

Camila closed the window when it rained. (주절+종속절)

=When it rained, Camila closed the window. (종속절+주절)

비가 오자 카밀라는 창문을 닫았어.

시간을 나타내는 부사절

I'll call you as soon as he comes. 그가 오자마자 당신에게 전화할게요.

We must be very careful before we acts.

우리는 행동하기 전에 아주 신중해야 합니다.

이유를 나타내는 부사절

I couldn't arrive in time because I missed the bus.

버스를 놓쳐서 나는 제시간에 도착할 수 없었어요.

As it rained all day long, I stayed at home. 하루 종일 비가 와서 집에 있었지.

대조(양보)를 나타내는 부사절

Although I do not like his manners, I respect his character.

그가 비록 매너가 좋은 편은 아니지만 그의 성격은 존중해.

Even if you fail, you will gain valuable experience.

비록 실패한다 할지라도 당신은 가치 있는 경험을 얻을 것입니다.

'양보'의 미덕(?)과는 느낌이 좀 다르지만, 영문법에서 '(비록) ~일지라도'로 해석하는 절을 양보절이라고 하는데, 아주 흔히 쓰는 표현입니다. 양보절을 사용하면 중심 생각이 나타난 주절과 대조를 이루며 의미를 더 확실하게 전달합니다.

조건을 나타내는 부사절

Please let me know if you cannot attend the meeting.

회의에 참석할 수 없다면 제게 알려주세요.

Power is dangerous unless you have humility. 겸손이 없으면 권력은 위험하다.

I'll stay here with you as long as you need me.

네가 나를 필요로 하는 한, 나는 여기에 너와 함께 있을 거야.

목적을 나타내는 부사절

Evelyn does aerobics every day so that she can stay healthy.

에벌린은 건강을 유지하기 위해 매일 에어로빅을 하지.

You should go early in order that you can get a good seat.

좋은 자리를 맡으려면 너는 일찍 가야 해.

Chapter 6

to부정사, 그것이 알고 싶다

동사의 변신은 무죄

영문법의 뼈대인 품사와 문장성분, 그리고 영어의 꽃인 형용사와 부사 학습을 무난히(?) 잘 마친 여러분께 응원의 박수를 보냅니다.
이제 모든 품사 중 가장 오묘한 대상인 동사를 깊게 파보겠습니다. 동사는 다양하게 변신하면서 다른 품사로 쓰입니다. 동사는 의미 면에서 문장에서 중심 역할을 하는 데다 형식 면에서도 문장의 패턴을 결정짓는 핵심 요소입니다. 동사에서 생겨나 다양한 역할을 하는 부정사, 동명사, 분사는 동사에 준하는 역할을 한다고 해서 준동사라고 부릅니다.
준동사는 동사의 성질을 일부 가지고 있지만 동사는 아닙니다. 따라서 준동사가 동사의 자리에 올 수는 없어요. 동사와 생김새가 비슷한 경우도 있어 헷갈리기 쉽죠. 시험에서 단골로 출제되는 문제 중 하나가 동사 자리에 준동사를 써 놓고 '틀린 문장을 찾으시오'일 정도예요.
여기서는 준동사 중에서도 부정사, 부정사 중에서도 우리나라 중학생 이상이라면 누구나 들어본 to부정사를 살펴보겠습니다. 부정사란 정해져 있지 않은 품사라는 뜻입니다. 앞에 to가 붙은 부정사를 to부정사라고 하죠. to부정사는 명사, 형용사, 부사 3가지 역할을 합니다. to부정사가 어떻게 쓰이는지 하나씩 알아봅시다.

명사처럼 쓰는 to부정사

명사는 문장에서 주어, 목적어, 보어로 씁니다. 바로 이렇게 to+동사원형을 명사처럼 주어, 목적어, 보어로 쓰는 용법이 to부정사의 명사적 용법입니다.

주어 역할을 하는 to부정사

문장의 주어 자리에는 주로 명사나 대명사가 오지만 명사와 비슷한 것들도 올 수 있습니다. 동명사, 명사구, 명사절도 주어가 될 수 있죠. 주어 자리에 to부정사가 오는 형태를 살펴보겠습니다.

To make new friends is interesting. 새 친구를 사귀는 것은 흥미로워.

To save time is important. 시간을 절약하는 것은 중요하지.

영어의 특징 중 하나는 되도록 '주어를 짧게 쓴다'는 것입니다. 주어가 너무 길면 머리가 몸보다 더 큰 것처럼 뭔가 균형이 잘 안 맞는 느낌입니다. to부정사는 아무래도 주어가 길어지죠. 그래서 가짜 주어 It을 앞에 쓰고 진짜 주어인 to부정사를 뒤에 두는 표현이 더 자연스럽고 더 영어답습니다. 물론 주어가 길다고 해서 틀린 문장은 아닙니다만.

It is interesting to make new friends. 새 친구를 사귀는 것은 흥미로워.

It is important to save time. 시간을 절약하는 것은 중요하지.

'It is 형용사 to+동사원형'의 형태는 무척 자주 쓰는 표현이에요. 어휘력만 보강한다면 이 패턴을 활용해서 수많은 표현을 할 수 있습니다.

목적어 역할을 하는 to부정사

목적어가 필요한 타동사 다음에 to부정사가 나오는 문장도 영어에서 아주 흔한 표현입니다.

Francisco plans to travel abroad. 프랜시스코는 해외여행을 계획한다.

I expect to meet them. 나는 그들을 만나기를 희망해.

Grace wanted to backpack across Europe.

그레이스는 유럽으로 배낭여행 가기를 원했어.

보어 역할을 하는 to부정사

주어와 동격인 (주어=보어) 관계인 주격보어 자리에 to부정사가 오는 경우입니다.

She is a singer. 그녀는 가수다.

여기서 she와 a singer는 한 사람을 가리키므로 등식(=)의 관계입니다. a singer 자리에 to+동사원형이 올 수도 있습니다.

My hobby is to read books. (나의 취미 = 책 읽기)

His goal is to become a president. (그의 목표 = 대통령이 되는 것)

의문사+to부정사

what, how, when, where 등과 같은 의문사+to부정사를 명사처럼 활용할 수 있습니다. 문장에서 주어, 목적어, 보어로 쓸 수 있는 거죠. 아주 흔히 쓰는 유용한 표현입니다.

what+to**부정사** 무엇을 ~할지

which+to**부정사** 어떤 것을 ~할지

whether+to**부정사** ~을 할지 말지

how+to**부정사** 어떻게 ~할지(~하는 방법)

when+to**부정사** 언제 ~할지

where+to**부정사** 어디로(어디서) ~할지

why +to부정사는 쓰지 않습니다.

How to live is important. 어떻게 사는지가 중요해. (주어)

I don't know how to live. 어떻게 살아야 할지 모르겠다. (목적어)

This is how to live. 이것이 사는 방법이야. (보어)

의문사+to부정사는 주어, 목적어, 보어로 다 쓸 수 있지만, 주로 다음 동사들의 목적어로 쓰는 경우가 많습니다.

know	알다	wonder	의아하다	understand	이해하다
show	보여주다	discover	발견하다	explain	설명하다
consider	고려하다	see	보다	find out	알다
ask	묻다	learn	배우다	decide	결정하다

Please show me how to use this machine.

이 기계를 어떻게 사용하는지 좀 보여주세요.

I have not decided yet where to go. 나는 어디로 갈지 아직 결정하지 못했어.

I don't know what to do. 나는 무엇을 해야 할지 모르겠다.

He asked when to start work. 그는 언제 일을 시작할지 물었다.

She is wondering whether to accept the offer.

그녀는 그 제안을 받아들일지 말지 생각 중이야.

I am considering which to choose. 나는 어떤 것을 선택할지 고려 중입니다.

형용사처럼 쓰는 to부정사

앞부분에서 배운 내용을 떠올려봅시다. 형용사는 첫째, 명사를 수식하고 둘째, 보어로 씁니다. 잠깐 복습하고 넘어갈까요?

Look at that pretty baby. 저 예쁜 아기 좀 봐. **(명사 수식)**

The baby is pretty. 그 아기는 예뻐. **(보어)**

명사를 꾸미는 한정적 용법

비행기가 이륙한 후 일정 고도에 이르러 안전띠를 풀고 나면, 승무원이 이렇게 물어봅니다. "Would you like something to drink?" to drink가 뒤에서 something을 꾸며주므로 여기서 to부정사는 (대)명사를 수식하는 형용사 역할을 합니다. 다른 예문도 더 볼까요?

I have a lot of things to sell. 나는 팔 물건을 많이 갖고 있어.

He forgot his homework to do. 그는 해야 할 숙제를 잊어버렸지.

이때 to부정사의 꾸밈을 받는 명사는 원래 그 동사의 목적어입니다. sell things, do his homework에서 명사인 things가 동사 앞에 나오면서 to sell의 꾸밈을 받게 되고, homework도 동사 앞에 나오면서 to do의 꾸밈을 받게 된 것입니다.

그런데 명사를 꾸미는 to부정사의 동사가 타동사가 아니라 자동사라면 어떻게 될까요? 자동사 다음에는 명사가 목적어로 올 수 없고 반드시 전치사 다음에 명사가 와야 합니다. 그래서 명사를 꾸미는 to부정사의 동사가 자동사일 때는 꼭 전치사가 따라나옵니다. 다음 문장에서 꾸밈을 받는 명사가 nothing처럼 구체적인 대상이 아닌 경우에는 전치사에 따라 nothing이 뜻하는 게 뭔지 알 수 있습니다.

I have nothing to write with. 나는 아무것도 없어. **(필기도구가)**

I have nothing to write on. 나는 아무것도 없어. **(종이가)**

I have nothing to write about. 나는 아무것도 없어. **(쓸 주제가)**

He does not have a house to live in. 그는 살 집이 없다.

She needs someone to talk with. 그녀는 함께 이야기할 사람이 필요해.

You have nothing to be afraid of. 당신은 두려워할 게 없습니다.

보어로 쓰는 서술적 용법

보어 자리에 to부정사가 와서 동사와 함께 서술어 역할을 합니다. be동사 다음에 to+동사원형이 오므로 be to 용법이라고도 하는데 의미에 따라 5가지 정도로 구분합니다.

① 의무

Soldiers are to obey their superiors.

군인들은 그들의 상관에게 복종해야 합니다.

Tommy is to complete his project by next month.

토미는 그의 프로젝트를 다음달까지 끝내야 해.

② 예정

The meeting is to be held at noon. 회의는 정오에 시작될 예정입니다.

We are to meet in front of the building. 우리는 건물 앞에서 만날 예정이야.

③ 의도

If you are to succeed, you have to work hard.

만약 당신이 성공하고자 한다면 열심히 일해야 합니다.

If the sun were to rise in the west, I would change my mind.

만약 해가 서쪽에서 뜬다면 내 마음이 바뀔 거야. (해가 서쪽에서 뜨지 않는 한, 마음을 바꾸지 않을 거야)

의도를 나타낼 때 be to 용법은 주로 if절과 함께 쓰입니다.

④ 가능

No one is to live forever. 아무도 영원히 살 수 없어.

Nothing was to be seen in the room. 방에선 아무것도 보이지 않았지.

영어 문장에서 주어가 no, nothing, nobody 등의 부정어일 때는 주어를 any(어떤 것도, 아무것도, 누구도)로, 동사를 부정의 의미로 번역하게 됩니다. 영어에서는 주어 자체에 부정의 의미를 넣을 수 있지만, 우리말에서는 동사를 부정해야 자연스럽습니다.

⑤ 운명

Grayson was never to meet her again.

그레이슨은 그녀를 다시 만나지 못할 운명이었습니다.

She is to get married soon. 그녀는 곧 결혼할 운명이었다.

보어로 쓰이는 be to 용법 중 의무나 예정은 흔히 볼 수 있지만, 가능이나 운명 같은 경우는 문법책 말고는 접하기 어렵습니다. 이렇게 생소한 용법은 예문에만 익숙해지면 시험에 나오더라도 당황하지 않을 수 있습니다.

학원에서 가르친 학생이 be to 용법에 대해 이런 질문을 한 적이 있습니다. 초등학교와 중학교 과정을 영미권 국가에서 다닌 친구였는데, be to 용법 중 의무에 대한 설명을 듣더니 실제로 그렇게 쓰는 것을 본 적이 거의 없다는 것이었습니다. 그냥 should나 have to를 사용하면 되지 않느냐는 것이었습니다. 이 질문에 대해 아래와 같이 답했습니다.

고도로 발달한 모든 언어는 같은 뜻이라도 표현 방법이 다양합니다. 우리말에도 일상 회화에서는 자주 쓰지 않지만, 글에서는 종종 쓰는 표현이 있듯이 be to 용법도 글을 쓸 때 더 자주 활용하는 표현입니다. 고급 영어를 구사하려면 폭넓고 다양한 표현을 익혀야겠죠. 무엇보다도 시험에 나오니까 be to 용법을 알아야 합니다!

부사처럼 쓰는 to부정사

부사는 문장에서 형용사, 동사, 또 다른 부사를 꾸미거나 문장 전체를 꾸미는 역할을 하는데, 이 역할을 to부정사가 하기도 합니다. 의미에 따라 몇 가지로 구분합니다.

목적

to부정사 용법 중 가장 널리 쓰이는 표현이에요. ~하기 위해(=in order to, so as to)로 해석합니다. 동사를 자연스럽게 꾸며주거나 부연 설명을 하기에 유용합니다. '부연 설명'이란 영어와 국어를 배울 때 흔히 쓰는 표현인데, 알기 쉽게 상세한 설명을 덧붙인다는 뜻입니다.

He went there to help her. 그는 그녀를 돕기 위해 거기에 갔어.

She will buy a book to study English. 그녀는 영어 공부를 하기 위해 책을 살 거야.

'그는 거기에 갔다', '그녀는 책을 살 것이다'라고만 해도 문장이 되지만, to부정사로 그 행동의 목적을 설명해 주면 문장의 의미가 훨씬 더 풍부해집니다.

감정의 원인

'~해서, ~하다'로 해석합니다. 주로 happy(행복한), sad(슬픈), glad(기쁜), sorry(미안한), pleased(기쁜) 등 감정을 나타내는 형용사와 함께 씁니다.

Nice to meet you. 만나서 반갑습니다.

I was surprised to hear the news. 나는 그 뉴스를 듣고 놀랐어.

Sally was happy to see her son again.

샐리는 그녀의 아들을 다시 보게 되어서 행복했지.

이유, 판단의 근거

이유나 판단의 근거를 나타내는 표현으로 '~하는 것을 보니, ~하다'로 해석할 수 있습니다. 주로 cannot(~일 리가 없다)이나 must(~임에 틀림없다)와 함께 씁니다.

Christina cannot be a liar to drop tears.

눈물을 흘리는 것을 보니 크리스티나는 거짓말쟁이일 리가 없어.

Mason must be mad to say such bad words.

그런 나쁜 말을 하다니 메이슨은 제정신이 아닌 게 틀림없군.

결과

'~해서 ~했다'로 해석할 수 있습니다. 부사 역할을 하는 to부정사의 결과 용법은 마치 to부정사를 사이에 두고 두 개의 동사가 and로 이어져 있는 것처럼 앞에서 뒤로 순차적으로 번역하는 것이 자연스럽습니다. 그러나 번역은 그렇게 하더라도 여기서 to부정사는 동사가 아니라 부사로 쓰인 것입니다.

Natalie grew up / to be an actor. 내털리는 자라서 배우가 되었어.

Harry went home / to find a thief. 해리는 집에 가서 도둑을 발견했지.

'해리가 도둑을 발견하기 위해 집에 갔다'로 해석하면 말이 안 되죠.

형용사 수식

부사는 형용사를 수식합니다. to부정사는 부사구로서 형용사를 꾸며주기도 합니다.

This hill is hard to climb. 이 언덕은 오르기 힘들어.

He was ready to go. 그는 갈 준비가 되었지.

부사처럼 쓰는 to부정사는 살펴본 대로 목적, 감정의 원인, 이유나 판단의 근거, 결과, 형용사 수식 외에도 '조건'을 나타내는 '만약 ~라면'이라는 뜻으로 쓰기도 합니다. 실제로는 별로 쓰지 않는데도 영문법 교재에는 꼭 등장하는 표현이죠. 참고로 알아둡시다.

I should be happy to go there with you. 너와 함께 거기 간다면 나는 행복할 거야.

to부정사의 부정

동사는 아니지만 동사의 성질을 가지고 있는 to부정사의 바로 앞에 not을 붙여서 간단히 부정문을 만들 수 있습니다. 문장에 따라 동사를 부정하는 것과 not+to부정사의 뜻이 같을 수도 있습니다.

He wants to go home. 그는 집에 가기를 원해.

→He wants not to go home. 그는 집에 가지 않기를 원해. (to부정사의 부정)

→He does not want to go home. 그는 집에 가는 것을 원하지 않아. (동사의 부정)

to부정사의 의미상 주어

to부정사의 주체를 to부정사의 '의미상 주어'라고 합니다. 다시 말해 누가(무엇이) to부정사를 하는지 나타내는 말입니다. 앞에서 언급했듯 영어에서는 주어를 되도록 짧게 쓰는 것이 좋은 표현이므로 가짜 주어인 It을 맨 앞에, 진짜 주어인 to부정사를 뒤에 쓰고, 그 사이에 의미상의 주어를 쓰는 형태가 가장 흔합니다.

It is easy for her to finish the work. 그녀가 그 일을 끝내는 것은 쉽지.

It is dangerous for them to cross the river. 그들이 강을 건너는 것은 위험해.

It is important for us(for people) to live honestly. 정직하게 사는 것은 중요하지.

for us나 for people은 보통 생략합니다. 의미상의 주어가 없으면 일반인 아무나를 뜻하므로, 쓰나 안 쓰나 해석에 차이가 없습니다.

It is very honest of you to say so. 당신이 그렇게 말하다니 참 정직하군요.

의미상의 주어 앞에는 주로 for를 쓰고 of도 많이 씁니다. of는 사람의 성격, 기질을 나타내는 단어와 함께 주로 누군가를 칭찬하거나 비난할 때 씁니다.

nice	좋은, 멋진	kind	친절한	rude	무례한
honest	정직한	stupid	어리석은	polite	공손한
silly	어리석은	generous	관대한	selfish	이기적인
smart	똑똑한	shy	부끄러운	wise	현명한
cruel	잔인한	brave	용감한	sensitive	민감한
lazy	게으른	confident	자신감 있는	strict	엄격한

It was very stupid of me to make such an embarrassing mistake.

내가 그런 황당한 실수를 하다니 참 어리석었어.

It is generous of her to donate so much money.

그렇게 많은 돈을 기부하다니 그녀는 참 관대해.

It was cruel of him to kick a dog. 개를 발로 차다니 그는 참 잔인했다.

미국에서 한 쇼핑센터에 갔을 때 출입문을 열고 들어가던 중 연세 지긋한 할머니 한 분이 뒤에 따라오고 계셔서 문을 잡아드렸더니 저를 보고 이렇게 말씀하셨습니다. "(It is) Very kind of you, gentleman(아주 친절하군요, 신사 양반)" 성격, 기질을 나타내는 단어와 of를 함께 씀으로써 you를 칭찬한 것입니다. 이런 패턴으로 쓰기 좋은 형용사들을 알아두면 많은 문장을 쉽게 만들 수 있어 일상회화에서 써먹기 좋습니다. 회화에서는 흔히 'It is'가 생략됩니다.

Very rude of you. 당신은 정말 무례하군요.

Very brave of you. 당신은 정말 용감하군요.

Very lazy of you. 당신은 정말 게으르군요.

Most folks are about as happy as they make up their minds to be.

Abraham Lincoln

대부분의 사람들은 행복하고자 마음먹은 만큼 행복해진다.

형용사+to부정사 관용어구

형용사를 꾸미는 부사적 용법의 to부정사 구문 중 관용적 표현으로 굳어진 것들이 있습니다. 단어의 뜻을 알면 해석하기는 어렵지 않지만, 워낙 흔한 표현들이라 외워두면 회화나 영작문에서 쉽게 응용할 수 있습니다.

be ready to	~할 준비가 되다	be apt to	~하기 쉽다
be afraid to	~하기 두려워하다	be liable to	~하기 쉽다
be willing to	기꺼이 ~하다	be due to	~할 예정이다
be worthy to	~할 가치가 있다	be likely to	~할 것 같다
be pleased to	~해서 기쁘다	be unlikely to	~할 것 같지 않다
be sure to	반드시 ~하다	be sorry to	~해서 유감이다

He is already ready to start. 그는 이미 출발할 준비가 되어 있어.

A man apt to promise is apt to forget. 쉽게 약속하는 사람은 쉽게 잊는다. (서양 속담)

She is willing to join the army. 그녀는 기꺼이 군대에 입대해.

He is likely to be satisfied with the result. 그는 그 결과에 만족할 것 같아.

She was pleased to hear the news. 그녀는 뉴스를 듣고서 기뻤지.

Please be sure to lock the door before you sleep.

잠자기 전에 문을 반드시 잠그세요.

I am sorry to hear the sad news. 슬픈 소식을 듣게 되어 유감입니다.

too~ to 용법

to부정사의 용법 중 앞에 too+형용사가 나와 '너무 ~해서 ~할 수 없다'로 해석합니다. so+형용사+that+주어+cannot+동사원형으로 바꿔 쓸 수 있습니다. too+형용사를 so+형용사로 바꾸고 to부정사를 접속사 that+주어+동사 구조로 바꾸는 것입니다.

My dad is too busy to have dinner with me.

→My dad is so busy that he cannot have dinner with me.

아빠는 너무 바빠서 나와 저녁을 먹을 수 없어.

They were too young to enter the theater.

→They were so young that they could not enter the theater.

그들은 너무 어려서 극장에 들어갈 수 없었지.

enough to+동사원형

'~하기에 충분히 ~한'이라는 뜻으로 so+형용사+that+주어+can/should+동사원형으로 바꿔쓸 수 있습니다.

He is rich enough to buy such a big house.

→He is so rich that he can buy such a big house. 그는 그런 큰 집을 살 만큼 부자야.

We are already old enough to exercise regularly.

→We are already so old that we should exercise regularly.

우리는 주기적으로 운동을 해야 할 만큼 충분히 나이를 먹었어.

to부정사의 시제

앞서 to부정사는 준동사의 하나로 동사는 아니지만 동사의 성질을 지닌다고 설명했는데요. 모든 동사는 시제표현이 가능한데 to부정사 역시 동사의 성질을 지니므로 시제를 표현할 수 있습니다.

He seems to be sick. 그가 아픈 것 같아.

머릿속으로 상상해봅시다. 한 남자가 눈앞에 있고, 어디가 아픈지 안색이 창백합니다. 그가 '~인 것 같은(seems)' 것도 현재고 '아픈(sick)' 것도 역시 현재입니다.

상황을 한번 바꿔보죠. 내 눈앞에 있는 남자의 얼굴이 어딘지 모르게 퀭합니다. 지금은 좀 나아 보이지만 많이 아팠다가 회복한 것 같습니다. '~인 것 같은(seems)' 것은 현재지만 '아팠던(sick)' 것은 과거입니다. 한 문장 안에서 시간 차이가 존재합니다. 이걸 어떻게 표현할까요? 형용사 sick만으로는 과거시제를 표현할 방법이 없습니다. 이때 to부정사에 있는 동사로 시제를 표현할 수 있죠. to 다음에는 반드시 동사원형이 와야 하는데요. 이런 상황에서 쓸 수 있는 표현이 바로 to have 과거분사(p.p), 즉 완료 부정사입니다. 시제를 정확하게 나타내는 섬세한 표현이죠.

He seems to have been sick.

→ He seems that he was sick. 그는 아팠던 것 같아.

완료 부정사는 to부정사의 시제가 본동사보다 한 시제 앞설 때 씁니다. 예문을 하나 더 볼까요?

Emma is believed to have made a lot of money last year.

→ It is believed that Emma made a lot of money last year.

에마는 작년에 많은 돈을 벌었을 것으로 여겨져.

'(사람들에 의해) 여겨지는 것'은 현재 시점이고 '에마가 돈을 많이 벌었다'는 과거 시점입니다. 이처럼 to have+과거분사는 시간 차이가 존재할 때 유용하게 쓸 수 있는 표현이죠.

한편, 본동사의 시제가 과거면 to have p.p의 시제는 과거 이전의 과거 즉, 대과거가 됩니다. 별도의 챕터에서 시제를 상세히 다루므로 여기서는 예문의 뜻만 이해하고 넘어가면 됩니다.

Wilson was sorry to have been late.

→Wilson was sorry that he had been late. 윌슨은 늦었었던(?) 것에 미안해 했지.

여기서는 시제를 구분하기 위해 대과거를 '늦었었던'이라고 번역했지만, 우리말에서는 매우 어색한 표현이므로 시제가 헷갈리지 않는다면 그냥 '늦었던'이라고 하는 게 좋습니다.

to부정사의 수동 표현

to부정사의 수동 표현이란, 말 그대로 to부정사와 수동 표현 be+과거분사(p.p)를 함께 쓰는 것입니다. to부정사 다음에는 항상 동사원형이 오므로 인칭과 시제에 따라 다양한 형태를 지닌 be동사도 여기서는 당연히 'be'만 오게 됩니다. 수동 표현은 우리말로 번역하면 매우 어색하므로, 주체가 누구인지 헷갈리지 않는 상황에서는 그냥 능동으로 번역하는 게 좋습니다. 수동태는 별도의 챕터에서 자세히 다루므로 여기서는 to부정사의 수동 형태만 눈여겨보고 넘어가면 됩니다.

There are letters to be sent. 보내야 할 편지들이 있어.

People don't want to be disturbed by others.

사람들은 다른 사람에게 방해받기를 원하지 않아.

완료 부정사와 수동 표현이 결합하면 to have been p.p가 됩니다.

This picture is believed to have been painted by a child.

이 그림은 아이가 그렸던 것으로 여겨진다.

Michael was known to have been accused of a serious crime.

마이클은 중대한 범죄로 고소당했었다고 알려졌습니다.

to부정사의 관용 표현

to부정사를 포함한 아래의 관용 표현은 일상적으로 널리 쓰입니다. 문장 구성의 필수 요소는 아니지만 표현을 좀 더 매끄럽게 만들어주는 부사구로, 독립적인 의미를 지니고 문장 전체를 꾸며줍니다.

to make matters worse	설상가상으로, 엎친 데 덮친 격으로	strange to say	이상한 얘기지만
to tell the truth	사실을 말하자면	to begin with	우선, 먼저
not to speak of	~은 말할 것도 없이	so to speak	말하자면, 이른바
needless to say	말할 필요도 없이	to be sure	확실히
to make a long story short	간단히 말하면	to be frank with you	솔직히 말하면

To make matters worse, the food I needed was sold out.

설상가상으로 내가 원했던 그 음식이 다 팔렸어.

Strange to say, he disappeared suddenly. 이상한 말이지만 그가 갑자기 사라졌지.

To begin with, let's talk about our problems. 먼저 우리의 문제에 대해 이야기하자.

So to speak, Darwin's theory of natural selection helped us understand evolution. 말하자면, 다윈의 자연선택 이론은 우리가 진화를 이해하는 데 도움을 주었어.

To tell the truth, I couldn't understand a word she said.

사실을 말하자면 나는 그녀가 말했던 것 중 한 마디도 이해할 수 없었지.

She can speak Chinese, not to speak of English.

그녀는 영어는 말할 것도 없고 중국어도 할 수 있어.

Needless to say, I have to go now. 말할 필요도 없이 나는 지금 가야 한다.

To make a long story short, this book is very useful to remind me of English grammar. 간단히 말하면 이 책은 내게 영어 문법을 상기시키는 데 아주 유용해.

To be sure, Korea is getting hotter in summer. 확실히 한국은 여름에 더 더워지고 있어.

To be frank with you, he is very selfish. 솔직히 말해서 그는 아주 이기적이야.

영어로 된 글을 조금만 읽어봐도 to부정사는 수두룩하게 나옵니다. 여기까지 배운 내용을 이해했다면, 회화도 독해도 한결 쉬워질 거예요.

쓸모가 많은 동사 출신 명사, 동명사

Chapter 7

동사인 듯 동사 아닌, 동사 같은 명사

영문법의 가장 큰 산 중 하나인 to부정사를 넘어온 여러분, 정말 축하합니다! to부정사와 더불어 또 하나의 준동사인 동명사는 비슷한 부분이 많아서 to부정사를 이해하고 동명사를 공부하면 별 어려움 없이 소화해 낼 수 있어요.

to부정사는 문장 안에서 명사, 형용사, 부사 3가지 역할을 하는 반면 동명사는 명사의 역할만 합니다. 그러니 더 쉬울 수밖에 없죠. 동사에 ing를 붙여서 만드는 것으로 동사의 성격을 가진 명사예요. 물론 출신이 동사라서 to부정사처럼 부정 표현을 할 수도 있고 의미상의 주어를 갖기도 하고 시제를 나타낼 수도 있습니다.

명사처럼 쓰는 동명사

동사+ing는 명사처럼 주어, 목적어, 보어로 쓰입니다. '~하는 것, ~하기'로 해석합니다.

① 주어로 쓰는 동명사

Listening to music is one of my pleasures.

음악을 듣는 것은 나의 기쁨 중 하나다.

Studying English is not difficult. 영어를 공부하는 것은 어렵지 않아.

Making foreign friends online is very interesting.

온라인으로 외국인 친구를 사귀는 것은 아주 흥미로워.

② 목적어로 쓰는 동명사

동명사는 동사의 목적어 자리에 올 수도 있고 전치사의 목적어 자리에 올 수도 있습니다.

I like swimming in summer. (타동사+목적어) 나는 여름에 수영하는 것을 좋아해.

He is very proud of acting as the host. (전치사+목적어)

그는 주인 역할 하는 것을 아주 자랑스러워 하지.

③ 보어로 쓰는 동명사

주격보어로 명사가 오면 주어와 동격인 것처럼 동명사도 마찬가지입니다.

His job is making fashion magazines. 그의 직업은 패션잡지를 만드는 거야.

My hobby is playing badminton. 나의 취미는 배드민턴을 치는 거야.

여기서 My hobby=playing badminton인 관계이고, playing badminton은 to play badminton으로 바꿔 써도 됩니다.

동명사의 부정

to부정사의 부정과 마찬가지로 바로 앞에 not만 쓰면 됩니다.

I am sorry for not coming in time. 제시간에 오지 못해서 미안해.

The best idea for your life is not blindly imitating others.

당신의 인생을 위한 가장 좋은 아이디어는 무작정 남을 따라하지 않는 것입니다.

동명사의 의미상 주어

동명사에도 의미상 주어가 있습니다. 문장의 주어와 동명사의 의미상 주어가 다르면 동명사 앞에 소유격으로 써줍니다. '소유격+동명사'를 우리말로 직역하면 매우 어색합니다. 그래서 우리말 번역은 주어+동사처럼 하는 것이 자연스럽습니다.

She avoids his smoking. 그녀는 그의 담배 피움(그가 담배 피우는 것)을 피한다.

I anticipate her winning the game. 나는 그녀가 경기에서 우승하기를 기대해.

동명사의 의미상 주어가 무생물이나 추상명사일 때는 소유격으로 쓰지 않고 명사를 그대로 씁니다.

No one can make you feel inferior without your consent.

Eleanor Roosevelt

당신이 동의하지 않는다면, 누구도 당신에게 열등감을 느끼게 할 수 없다.

The shop owners don't like cars being parked in front of their shops.

가게 주인들은 그들의 가게 앞에 차가 주차되는 것을 좋아하지 않아.

차는 사람에 의해 주차되는 것이기 때문에 수동 표현 'being parked'로 씁니다.

동명사의 시제

준동사인 동명사는 동사의 성질을 띠므로 to부정사처럼 시제를 표현할 수 있습니다. 본동사의 시제보다 동명사의 시제가 더 이전일 때 having p.p를 쓰고 완료 동명사라고 부릅니다. 동명사의 시제 개념은 to부정사의 시제와 같습니다. 영어를 잘하려면 영어의 시간 개념과 사고방식에 익숙해져야 합니다.

I am sure that he is innocent.

→I am sure of his being innocent. 나는 그가 결백하다고 확신해.

I am sure that he was innocent.

→I am sure of his having been innocent. 나는 그가 결백했다고 확신해.

앞의 예문처럼, 주절의 시제(현재)와 동명사의 시제(과거)가 다를 때 완료 동명사를 씁니다. 예문을 하나 더 볼까요?

Andrew is disappointed at having behaved like that.

앤드류는 그렇게 행동했던 것을 후회하지.

과거에 그렇게 행동했던 것(having behaved like that)에 대해 현재 후회하고 있습니다(is disappointed). 이처럼 시간 차이가 발생할 때 쓰는 표현이 바로 having p.p입니다.

to부정사와 동명사의 시제는 문법 기초 실력을 가늠할 수 있는 기준입니다! 예를 들어, 상대방이 어느 화가의 특정 작품 하나를 잘 알고 있다는 걸 알게 되면, 그 사람이 미술에 관심이 있고 어느 정도 기초 지식이 있음을 짐작할 수 있습니다. 영문법에서 to부정사와 동명사의 시제가 바로 그런 역할을 합니다. 지난 10여 년간 학생들을 가르치면서 to부정사와 동명사의 시제는 학생의 문법 실력을 짐작할 수 있는 잣대와 같은 것이었습니다. 새로 만난 학생이 이 부분을 정확히 알고 있다면 거의 예외 없이 그 학생은 영어 문법의 전반적인 기초를 다진 상태였습니다.

동명사의 수동 표현

동명사와 수동 표현을 함께 쓰는 것입니다.

James doesn't like being treated as a child.

제임스는 어린아이 취급받는 것을 좋아하지 않아.

Kinsley looks forward to being promoted. 킨즐리는 승진되기를 고대해.

동명사의 수동 표현 역시 본동사보다 한 시제 이전임을 나타내려면 having been p.p를 쓰면 됩니다.

The actor is proud of having been trained in the army.

그 배우는 군대에서 훈련 받았던 것을 자랑스러워 하지.

동명사의 관용 표현

It is no use ~ing	~해도 소용없다
cannot help ~ing (=cannot but 동사원형)	~하지 않을 수 없다
feel like ~ing	~하고 싶다
be worth ~ing	~할 만한 가치가 있다
have difficulty(=trouble) (in) ~ing	~하는 데 어려움을 겪다
be busy ~ing	~하느라 바쁘다
spend 시간/돈 (in 또는 on) ~ing spend 시간/돈 on 명사	~하는 데 시간/돈을 쓰다

far from ~ing	~는 커녕, 결코 ~하지 않는
be on the point of ~ing(=be about to 동사원형)	막 ~하려고 하다
on ~ing	~하자마자
in ~ing	~할 때, ~하는 데 있어

It is no use talking to him. 그에게 말해도 소용없어.

I cannot help loving her. 그녀를 사랑하지 않을 수 없지.

I feel like soaking in warm water. 나는 따뜻한 물에 몸을 담그고 싶어.

English is worth studying. 영어는 공부할 만한 가치가 있지.

He had difficulty (in) finding a job. 그는 일자리를 구하는 데 어려움을 겪었어.

Her daughter is busy doing her homework. 그녀의 딸은 숙제하느라 바빠.

He spends a lot of money (in) buying lottery recently.

그는 최근에 복권을 사는 데 많은 돈을 써.

Far from reading the letter, he did not even open it.

그는 편지를 읽기는커녕 뜯지도 않았지.

She was on the point of telling Mason about the issue.

그녀는 그 문제에 대해 메이슨에게 막 말하려던 참이었어.

On arriving in Seoul, they visited the national museum.

서울에 도착하자마자 그들은 국립박물관을 방문했어요.

In learning English, we need patience. 영어를 배울 때 인내심이 필요하다.

Chapter 8

to부정사냐 동명사냐, 그것이 문제로다

비슷하지만 알고 보면 다른 to부정사와 동명사

내 취미는 테니스를 치는 거야.

내 취미는 테니스를 칠 거야.

두 가지 표현 중 어떤 것이 더 자연스럽나요? 당연히 위의 문장입니다. 영어로 바꾸면 아래와 같습니다.

My hobby is playing tennis.

My hobby is to play tennis.

to부정사와 동명사 모두 보어로 쓰여 주어 = 보어(my hobby = playing tennis, my hobby = to play tennis)의 동격 관계를 표현할 수 있습니다. 문법적으로는 둘 다 맞는데 문제는 뉘앙스, 미묘한 어감의 차이입니다.

to부정사는 미래지향적입니다. 지금까지와는 다른 희망이나 목적을 추구하는 방향성을 나타내고, 반면 동명사는 지금까지 해오던 일을 계속한다는 뜻으로, 습관이나 지속성을 나타냅니다. 그래서 취미를 나타내는 표현으로는 to play보다 playing이 더 자연스러운 거죠.

다른 예문을 볼까요?

그의 목표는 이 회사에서 사장이 되는 거야.

영어로 바꿀 때 어느 쪽이 더 나을까요?

Becoming the president of this company is his goal.

To become the president of this company is his goal.

goal은 미래지향적이므로 아래 문장이 더 자연스럽습니다.

한편, 보어와는 달리 목적어 자리에 to부정사를 넣을지 동명사를 넣을지는 동사의 종류에 따라 결정됩니다.

I like to dance. 나는 춤추는 것을 좋아해(춤추고 싶어).

I like dancing. 나는 춤추는 것을 좋아해(원래 춤추는 것을 좋아해).

문법적으로는 둘 다 가능하지만 의미가 살짝 다르죠. to부정사는 미래의 계획이나 기대, 예상 등을 말하고 동명사는 해오던 일, 일반적인 상태를 나타냅니다. to부정사와 동명사 모두 목적어로 오지만, 미묘하게 뜻이 달라지거나 아예 뜻이 달라지는 동사도 있고, 둘 중 한 가지 형태만 목적어로 오는 동사도 있습니다. 이에 따라 4종류로 나누어 살펴보겠습니다.

둘 다 목적어로 오며, 미묘한 어감의 차이가 있는 동사

like	좋아하다	start	출발하다
begin	시작하다	dislike	싫어하다
love	사랑하다	hate	싫어하다
prefer	선호하다	continue	계속하다

Ella likes to read books. 엘라는 책을 읽고 싶어해. **(희망이나 바람)**

Ella likes reading books. 엘라는 책 읽는 것을 좋아해. **(과거부터 해온 반복되는 경향)**

A baby continued to cry. 아기가 계속해서 울었어. **(분유를 먹을 때 멈췄다가 다 먹고 나서 또 우는 경우처럼 멈췄다가 다시 이어진다는 뉘앙스)**

A baby continued crying. 아기가 우는 것을 계속했어. **(멈추지 않고 계속한다는 뉘앙스)**

이런 의미 차이가 있지만 미묘한 부분이라 각종 영어 시험에서 중요하게 다루지는 않습니다. 상당수의 문법책은 이런 동사들을 to부정사와 동명사 모두를 목적어로 가질 수 있는 동사로만 단순하게 설명합니다.

둘 다 목적어로 오지만, 확실한 의미 차이가 있는 동사

to부정사와 동명사 중 어느 것을 목적어로 쓰는가에 따라 의미가 달라지는 경우가 있어요. 그 차이를 모르면 의사전달이 잘못될 수도 있고 상

Life is ten percent what happens to you and ninety percent how you respond to it.

Lou Holtz

인생이란 당신에게 일어나는 일 10퍼센트와 그에 대한 당신의 반응 90%의 합이다.

대방이 하는 말의 뜻을 오해할 수도 있습니다.

forget to	~할 것을 잊다(미래)	forget ~ing	~했던 것을 잊다(과거)
remember to	~할 것을 기억하다(미래)	remember ~ing	~했던 것을 기억하다(과거)
stop to	~하기 위해서 멈추다	stop ~ing	~하는 것을 멈추다
regret to	~해서 유감이다	regret ~ing	~한 것을 후회한다
try to	~하기 위해서 노력하다	try ~ing	(시험삼아) ~해보다

Don't forget to bring your homework. 네 숙제를 가져오는 것을 잊지 마. (미래)

I will never forget meeting her. 나는 그녀를 만난 것을 잊지 않을 거야. (과거)

Mark stopped to have lunch. 마크는 점심을 먹기 위해 (하던 일을) 멈췄어.

Stop fighting with each other! 서로 그만 좀 싸워!

I regret to say that I can't help you. 너를 도울 수 없어서 유감이다.

Olivia regrets having said it. 올리비아는 그 말을 했던 것을 후회해.

Let's try to reach an agreement. 합의에 도달하기 위해서 노력하자.

Why don't you try wearing white shirts? 흰색 셔츠를 입어보는 게 어때?

동명사가 목적어로 오는 동사

risk	위험을 무릅쓰다	consider	고려하다
avoid	피하다	enjoy	즐기다, 즐거워하다
finish	끝내다	mind	신경 쓰다, 꺼리다
miss	놓치다	propone	연기하다
practice	연습하다	suggest	제안하다
deny	거부하다	imagine	상상하다

We were advised not to risk travelling in this weather.

우리는 이런 날씨에 여행하는 위험을 무릅쓰지 말라는 조언을 받았어.

I am considering buying a new car. 나는 새 차 한 대 사는 것을 고려 중이야.

She enjoys riding a bicycle. 그녀는 자전거 타는 것을 즐거워해.

The man has finished doing the dishes. 그 남자가 설거지를 끝냈어.

She suggested going in her car. 그녀는 자기 차로 가자고 제안했지.

He denied answering the question. 그는 그 질문에 대답하는 것을 거부했어.

She imagined marrying him. 그녀는 그와 결혼하는 것을 상상했습니다.

to부정사가 목적어로 오는 동사

wish	바라다	fail	실패하다
want	원하다	need	필요하다
hope	희망하다	decide	결정하다
expect	기대하다	refuse	거절하다
propose	제안하다	manage	그럭저럭 ~하다
intend	의도하다	agree	동의하다
promise	약속하다	seek	구하다, 찾으려 애쓰다
prepare	준비하다	desire	갈망하다

She never fails to keep the appointment.

그녀는 결코 약속 지키는 것에 실패하지 않아(약속을 꼭 지켜).

He decided to travel around the world. 그는 세계여행을 하기로 결심했다.

She expected to pass the exam. 그녀는 시험에 통과하기를 기대했지.

I did not intend to insult him at all. 나는 그를 모욕하려고 전혀 의도하지 않았어.

They are likely to agree to let me go. 그들이 나를 가도록 하는 데 동의할 것 같아.

She was seeking to find an answer. 그녀는 해답을 찾으려 애쓰고 있었어.

He will prepare to give a presentation. 그는 발표 준비를 할 거야.

We desire to meet him immediately. 우리는 그를 지금 즉시 만나기를 원해.

Chapter 9

시간을 표현하는 연금술, 시제

12시제 or 시제x상

에이미 애덤스가 주연한 영화 〈컨택트 Arrival(2017)〉에서 언어학자인 주인공은 외계에서 온 존재의 실체를 밝히기 위해 그들의 언어를 연구합니다. 우리 인간의 언어가 시제(과거-현재-미래)가 있는 일직선의 세계관을 보여주는 언어라면 외계 생명체의 언어는 시간 개념이 없습니다. 주인공이 외계 언어를 배우면서 자신의 미래를 보게 됩니다. 언어에서 시간 개념이 없어지면, 우리는 미래를 볼 수 있을까요? 흥미로운 가정을 다룬 SF영화입니다.

학교 수업과 각종 영어 교재에서는 대개 시제를 12가지로 나눕니다. 기본적인 현재, 과거, 미래 시제에 단순, 진행, 완료, 완료진행을 결합하면 3x4=12, 영어의 12시제가 됩니다. 이런 구분 방법이 틀렸다고 할 수는 없지만 원래 영미권 국가에서는 자국어를 가르칠 때 시제(時制, tense)와 상(相, aspect)으로 구분해서 설명합니다. 이런 접근법이 시제가 가지는 의미를 더 정확하게 설명할 수 있습니다. 그래서 이 책에서는 보통 우리나라 문법책에서 다루는 12시제 대신, 영미권 국가 문법 교재를 따라 시제와 상으로 구분해서 설명합니다. 문법은 논리에 바탕을 두고 있습니다. 영어 문법의 바탕이 되는 논리를 이해하면 단순 암기할 내용이 확 줄어듭니다.

시제는 과거, 현재, 미래로 구분하며, 문장 안에서 동사(서술어)가 표현하는 동작이나 상태의 시점을 알려줍니다. 동사의 행위가 진행 중인지 끝이 났는지 표현하는 '상'은 완료와 진행 그리고 이 둘을 더한 완료진행으로 구분합니다. 각각의 상이 현재, 과거, 미래와 조합을 이룹니다.

			상		
		단순	완료	진행	완료진행
			have p.p	be ~ing	have been ~ing
시제	현재	walk	have walked	am/is/are walking	have been walking
	과거	walked	had walked	was/were walking	had been walking
	미래	will walk	will have walked	will be walking	will have been walking

출처 : The Grammar Book(An ESL/EFL Teacher's Course) by Marianne Celce-Murcia, Diane Larsen-Freeman

시제에 상이 결합하면서 훨씬 더 풍부한 표현을 할 수 있습니다. "I lived in Canada(나는 캐나다에 살았어)." 이 문장은 형식적으로는 과거에 캐나다에 살았다는 뜻만 있지만, 우리말로 하면 과거에 캐나다에 살았지만 지금은 캐나다에 살지 않는다는 뉘앙스를 풍깁니다. 하지만, 꼭 그렇지는 않죠. 가령 "2021년에 어디서 살았어?"라는 질문에 지금도 캐나다에 살더라도 "2021년에 캐나다에 살았지"라고 대답할 수도 있으니까요. 지금 어디에 사는지 굳이 덧붙이지 않는다면, 그 사람이 계속 캐나다에 사는지, 2022년에 우리나라에 입국해서 현재까지 살고 있는지 알 수 없습니다. 영어에서는 이런 미묘한 어감의 차이를 '상'으로 확실하게 표현합니다. "I have lived in Canada(나는 캐나다에서 살아왔어)." 과거에도 캐나다에 살았고, 지금도 캐나다에 살고 있음을 현재완료로 간단하게 표현할 수 있습니다.

먼저 우리에게 익숙한 현재, 과거, 미래를 알아보고, 그다음 시제와 상을 결합해 완료형, 진행형, 완료진행형을 순서대로 살펴보죠. 기본 시제를 먼저 익힌 다음 상이 하나씩 추가되는 방식으로 이해하면 쉽습니다.

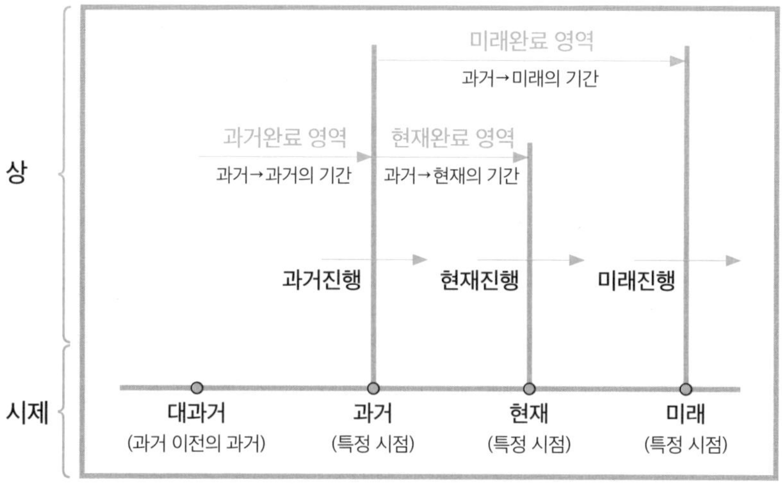

시제와 상이 표현하는 과거-현재-미래로 이어지는 시간 흐름

현재

현재 행동, 상태, 사실, 습관, 반복적 동작

Her son cleans his room every day. 그녀의 아들은 그의 방을 매일 청소해.

Europeans are very interested in soccer. 유럽 사람들은 축구에 관심이 많아.

Emily gets up early in the morning. 에밀리는 아침에 일찍 일어나.

All the hotels are full of tourists. 모든 호텔이 관광객으로 가득 차 있어.

불변의 진리, 과학적 사실, 속담

The earth rotates from west to east. 지구는 서쪽에서 동쪽으로 자전하지.

Water freezes at zero degrees Celsius. 물은 섭씨 0도에서 언다.

Greed has no limits. 탐욕은 한계가 없다.

이동, 움직임을 나타내는 동사가 가까운 미래를 나타낼 때

The train departs at 7. 기차가 7시에 출발해.

A famous Hollywood star comes to Korea tomorrow.

한 유명한 할리우드 스타가 내일 한국에 옵니다.

He leaves his homeland next month. 그는 다음 달 고국을 떠나요.

너도 알고 나도 아는 가까운 미래는 현재시제를 씁니다. "너 언제 가?" "7시에 가." 우리말에서도 서로 아는 가까운 미래를 나타낼 때는 미래형 대신 현재형을 씁니다. 전혀 다른 뿌리를 지닌 두 언어에 이런 공통점이 있다는 것이 신기합니다. 문화가 다르더라도 인간의 사고방식이 크게 다르지 않기 때문이겠죠.

가고, 오고, 출발하고, 도착하는 의미를 가진 동사 go, come, arrive, start, begin, leave, depart, return 등은 흔히 현재형으로 미래를 표현합니다. 막연한 상황보다는 대개 정해진 일정일 때 그렇게 씁니다.

시간과 조건의 부사절

부사절이 무엇인지 기억을 되살려볼까요? 부사는 형용사, 부사, 동사, 문장 전체를 꾸며주는 말이고, 절은 주어+동사가 있는 단어들의 묶음입니다. 부사절은 주어+동사 구조를 갖춘 단어들의 묶음이 부사 역할을 하는 것을 뜻합니다. 시간과 조건의 부사절에서 의미상 미래를 뜻하더라도 동사의 시제는 현재형을 씁니다.

① 시간을 나타내는 절을 만드는 접속사

when	~할 때	after	~한 후에
before	~하기 전에	until	~할 때까지
while	~하는 동안에	as soon as	~하자마자

whenever	~할 때는 언제나	by the time	~할 때까지, ~할 때쯤

Let's wait until she comes. 그녀가 올 때까지 기다리자.

After it stops raining, I will go shopping.

비가 그치고 난 후 나는 쇼핑하러 갈 거야.

② 조건을 나타내는 절을 만드는 접속사

if ~라면 unless ~가 아니라면 as long as ~하는 한 in case that ~경우라면

As soon as he finishes his work, he will go home.

그는 일을 끝내자마자 집에 갈 것이다.

As long as you love me, I will love you.

네가 나를 사랑하는 한, 나도 너를 사랑할 거야.

각종 시험에 잘 나오는 것 하나만 더 알고 넘어가죠. 시간이나 조건을 나타내는 부사절은 앞에서 보았듯이 현재시제로 미래를 나타내지만 시간이나 조건을 나타내는 명사절이 목적어로 쓰이면 미래시제를 씁니다.

She doesn't know when he will come. 그녀는 그가 언제 올지 몰라.

I wonder if she will join the aerobics class.

나는 그녀가 그 에어로빅 강습을 등록할지 궁금해.

과거

과거의 사실, 습관, 동작, 상태

It rained all day yesterday. 어제는 하루 종일 비가 내렸어.

I once liked watching TV. 나는 한때 TV 보는 것을 좋아했지.

She was happy to meet her old friends. 그녀는 옛 친구들을 만나서 행복했어.

What was the conclusion of his presentation? 그가 했던 발표의 결론이 뭐였어?

역사적 사실

Korean War broke out in 1950. 한국전쟁은 1950년에 발발했다.

Columbus discovered America in 1492. 콜럼버스는 1492년에 미대륙을 발견했다.

과거시제와 잘 어울리는 표현들

yesterday	어제	ago	~전에	then	그때
past	지난, 이전의	those day	그 당시	the other day	며칠 전에
last time	지난 번	at that time	그때	in old times	예전에

미래

미래시제는 동사원형 앞에 조동사 will을 써서 표현합니다. 한때는 미래를 뜻하는 조동사로 shall도 문법책에서 다루곤 했는데 현대 영어에서는 shall을 대부분 Shall I~, Shall we~ 형태로 1인칭에만 쓰는 한정된 표현으로 다룹니다.

기대, 예정, 의지

I will buy it for him. 나는 그에게 그것을 사줄 거야.

Nobody knows what will happen in the near future.

가까운 미래에 무슨 일이 일어날지 아무도 모른다.

Will you marry me? 나와 결혼해줄래?

미래를 나타내는 다른 표현들

조동사 will 없이 be동사를 포함한 관용 표현으로 미래시제를 표현할 수도 있습니다. be동사 자리에 과거 동사가 올 수도 있는데 이것은 기준점을 과거에 두고 그 후(미래)에 일어날 일을 표현한 것입니다.

be going to	~할 예정이다, ~할 것이다	be supposed to	~하기로 되어 있다
be about to	막 ~하려고 하다	be scheduled to	~할 예정이다
be due to	~할 예정이다	be willing to	기꺼이 ~하다
be expected to	~할 것으로 예상되다	be to ~할 예정이다 (to부정사 be to 용법 중 예정)	
be bound to	반드시 ~하다, ~하기 마련이다		

I am going to finish the work soon. 나는 곧 일을 끝마칠 거야.

They are supposed to meet tomorrow. 그들은 내일 만나기로 되어 있어.

He is about to begin learning French. 그는 프랑스어를 막 배우려고 해.

The concert was scheduled to start at 2 pm.

콘서트는 오후 2시에 시작할 예정이었어.

His flight is due to arrive at around noon. 그의 비행기는 정오쯤 도착할 예정이야.

The candidate was expected to win the election.

그 후보자는 선거에서 이길 것으로 예상되었어.

The actor is willing to clarify his position. 그 배우는 그의 입장을 기꺼이 밝힐 거야.

The businessman is bound to succeed. 그 사업가는 반드시 성공할 것이다.

The party is to be held the day after tomorrow. 파티가 모레 개최될 예정이야.

'~일 것 같다' 또는 '~일 것 같지 않다'는 표현도 be동사의 현재형과 함께 쓰여 의미상 미래를 나타냅니다.

be likely to	~할 것 같다	be unlikely to	~할 것 같지 않다
be more likely to	더 ~할 것 같다	be more unlikely to	더 ~할 것 같지 않다
be less likely to	덜 ~할 것 같다	be less unlikely to	덜 ~할 것 같지 않다

She is likely to raise the issue soon. 그녀는 그 이슈를 곧 제기할 것 같아.

His opinion is more unlikely to be accepted. 그의 의견이 더 받아들여질 것 같지 않아.

Positive people are less likely to suffer from diseases.

긍정적인 사람들은 질병으로 덜 고통받을 것 같아.

현재형 대신 be동사를 과거(was, were)나 미래(will be)로 쓰면 그 시점에서 불확실한 추측을 나타내는 표현이 됩니다.

The old building was likely to collapse soon. 그 낡은 건물은 곧 무너질 것 같았지.

You will be less likely to catch a cold if you work out everyday.

만약 당신이 매일 운동을 한다면 감기에 덜 걸릴 것입니다.

현재완료 : have p.p

우리말에서 완료라고 하면 무엇을 끝냈거나 완료했다는 결과에 주목하게 됩니다. 영문법에서의 완료는 조금 의미가 다릅니다. 시제인 현재, 과거, 미래는 시간상의 특정 시점을 나타내고, '상'인 완료형은 과거~현재, 현재~미래 등 연결된 기간을 나타내는 시간의 표현 방식입니다. 한 시점이 아니라 일정 기간을 나타내는 표현이죠.

현재완료는 과거에 시작된 일이나 행동, 상태가 현재까지 영향을 미칠 때, 현재 상황을 반영해서 설명하는 표현 방식입니다. 우리말에는 현재완료에 해당하는 적절한 표현이 없기 때문에 과거로 해석하기도 하지만 현재완료는 과거가 현재까지 영향을 미치고 있음을 나타냅니다. 그래서 현재완료는 명백한 과거를 나타내는 말(yesterday, ago, last, 특정 과거 연도나 시점)과 함께 쓰지 않습니다. 현재완료는 의미에 따라 계속, 경험, 완료, 결과라는 4가지로 구분하는데 특정 부사나 부사구와 함께 쓰는 경우가 많습니다.

계속 : ~해왔다

문장에 따라 '~했다'라고 과거로 해석하기도 합니다.

He has lived in Busan for 10 years. 그는 10년 동안 부산에서 살아왔어.

I have exercised regularly since last year. 나는 작년부터 규칙적으로 운동해왔지.

How long have you read the book here? 여기서 얼마나 오랫동안 책을 읽었나요?

현재완료(계속)와 함께 쓰면 어울리는 표현

for ~동안 since ~이래로 so far 지금까지 How long ~? 얼마나 오랫동안 ~?

경험 : ~해본 적이 있다

Have you ever been to France before? 이전에 프랑스에 가본 적 있니?

'~에 가본 적이 있다'는 표현은 have been으로 씁니다. have gone은 '가버리고 없다'는 결과를 표현하는 완료문으로 뜻이 전혀 다릅니다.

I have never learned any dance. 나는 어떤 춤도 배워본 적이 없어.

How many times have I told you that? 내가 그것을 너한테 몇 번이나 말했니?

현재완료(경험)와 함께 쓰면 어울리는 표현

ever 강조의 의미 never 결코 ~이 아니다/않다 seldom 거의 ~않다 once 한때

before ~이전에 often 자주 many times 여러 번

완료 : ~했다

She has just arrived here. 그녀는 지금 막 여기에 도착했어.

The train has already left. 기차는 이미 떠났지.

I have not eaten lunch yet. 나는 아직 점심을 먹지 못했어.

현재완료(완료)와 함께 쓰면 어울리는 표현

just 지금 막 already 이미 yet 아직

결과 : ~해버렸다

~해버려서 지금은 아니다/없다는 뜻입니다.

앞서 언급했듯 have gone은 현재완료에서 결과를 나타내는 표현으로 1인칭 주어와는 함께 쓸 수 없습니다. '나는 가버리고 없다'고 하면 그 말을 하는 주어는 어디에 있나요? 주체 입장에서 상대방이 가버린 것이므로 그런 표현은 불가능하죠. 스틸하트(Steelheart)의 유명한 곡 She's gone은 she has gone에서 she has를 she's로 줄여쓴 표현입니다. 예문을 좀 더 살펴보죠.

She has left her cellphone at home.

그녀는 휴대폰을 집에 두었어(지금 갖고 있지 않아).

He has lost his bicycle so he needs one. 그는 자전거를 잃어버려서 새로 필요해.

참고로 의문사 when은 현재완료와 함께 쓰지 않아요. '언제'라는 말은 그 자체가 과거의 특정 시점을 나타내기 때문이죠.

과거완료 : had p.p

'~했다'는 말은 과거이고 '~했었다'는 말은 과거 이전의 과거, 즉 '대과거'를 나타내는 말이에요. 과거완료는 대과거부터 과거의 특정 시점까지 걸치는 시간대를 가리킵니다. 현재완료와 마찬가지로 계속, 경험, 완료, 결과를 나타냅니다.

계속 : ~해왔다

Jason had traveled alone for 3 weeks up to that time.

제이슨은 그때까지(과거) 3주 동안 혼자 여행을 해왔었어(대과거).

경험 : ~해본 적이 있다

Jasmine couldn't find him because she had not seen him before.

재스민은 그를 전에 본 적이 없었기 때문에(대과거) 그를 찾을 수 없었지(과거).

완료 : ~했었다

I couldn't do anything because I had already been very tired.

나는 이미 엄청 피곤했었기 때문에(대과거) 아무것도 할 수가 없었어(과거).

결과 : ~해버렸었다, ~했었다

I had eaten too much food, so I felt sick.

나는 너무 많이 먹어서(대과거) 메스꺼웠다(과거).

주의할 점은 과거시제 문장의 주절과 종속절에 시간 차가 있다고 해서 꼭 대과거와 과거를 구분하고 대과거에 과거완료를 써야만 하는 것은 아니라는 것입니다.

Bentley met his friends after he finished his homework.

벤틀리는 숙제를 마치고 난 후에 친구들을 만났어.

위 문장에서 숙제를 마친 것과 친구를 만난 것 사이에는 시간 차가 있지만, 그냥 과거시제로만 썼습니다. 이렇게 시간의 전후 관계가 분명하거나 과거 행위의 단순 나열이거나 굳이 시간 차를 강조하고 싶지 않을 때는 대과거(과거완료)와 과거로 구분하지 않습니다.

I went shopping with my mom and I bought a present for my dad.

나는 엄마와 쇼핑을 갔고, 아빠를 위한 선물을 샀지.

미래완료 : will have p.p

미래완료도 현재완료 및 과거완료와 마찬가지로 계속, 경험, 완료, 결과를 나타내지만 사실상 한 가지만 기억하면 됩니다. 미래의 특정 시점을 기준으로 이전부터 그때까지를 나타낸다는 것입니다. 우리말로도 아래와 같은 표현을 할 때가 있죠.

내년이면 엄마 아빠가 결혼하신 지 30년이 돼.

이 책을 한 번 더 읽으면 3번째 읽는 거야.

저는 상사가 올 때까지 그 프로젝트를 끝낼 거예요.

경기가 끝날 때 모든 선수들은 환호할 것이다.

미래완료는 이처럼 미래의 특정 시점을 미리 정해 놓고 그때가 되면 '~를 할 것이다', '~인 상태일 것이다'라는 표현입니다. 생각보다 영어 지문에서 심심찮게 등장하고 회화에서도 쓸 일이 종종 있습니다. 위의 문장들을 영어로 쓰면 다음과 같습니다. 각각 계속, 경험, 완료, 결과를 나타내지만, 그런 걸 몰라도 해석하는 데 별 무리가 없습니다.

Mom and dad will have been married for 30 years next year.

I will have read this book 3 times if I read it once again.

I will have finished the project by the time my boss comes.

All players will have cheered when the game is over.

진행형

방이 너무 지저분하다고 어머니가 문 밖에서 소리치는 상황을 상상해 보죠.

"네 방 청소 좀 해!"

마침, 청소를 하려던 참이었는데 좀 억울하네요. 이 때 청소를 한다(I clean my room)고 해야 할까요, 청소를 하고 있다(I am cleaning my room)고 해야 할까요? 내가 부지런히 움직이면서 방이 점점 더 깨끗해지고 있으니 아무래도 '하고 있다'고 표현하는 것이 더 나을 것입니다.

진행형은 시제에 '~하고 있다'는 진행의 의미가 추가된 것입니다. 움직임, 변화를 강조해서 훨씬 더 역동적인 표현이 됩니다.

현재진행(~하고 있다)

① 지금 진행 중인 일

Elsa is repairing her computer. 엘사는 자신의 컴퓨터를 고치고 있어.

Kitty is cooking seafood pasta. 키티는 해물 파스타를 요리하고 있어.

② 미래를 나타내는 말과 함께 미래 표현

What are you doing this evening? 오늘 저녁에 뭐할 거니?

Petty is leaving here sometime next week. 페티는 다음주 중 여기를 떠날 거야.

③ always와 함께 쓰여 좋지 않은 습관 혹은 불평 등의 부정적인 의미

My boss is always talking about politics. 내 상사는 항상 정치 얘기만 해.

Dad is always watching TV on Sundays. 아빠는 일요일엔 TV만 보셔.

과거진행(~하는 중이었다)

I was having dinner at that time. 나는 그때 저녁을 먹던 중이었다.

이렇게 과거진행만 단독으로 쓰기도 하지만 과거시제와 함께 쓰면 좀 더 풍부한 표현을 할 수 있습니다.

While I was waiting for a bus, I met a friend of mine.

버스를 기다리던 중 나는 친구 한 명을 만났어.

When Nolan was reading a book, he came up with a sparking idea.

놀런은 책을 읽던 중 번뜩이는 아이디어가 하나 떠올랐다.

과거진행과 과거시제를 결합해 '~하는 중 ~했다'고 표현할 수 있습니다. 시제와 상이 잘 조합된 표현이죠. 글뿐만 아니라 말로 할 때도 자주 쓰이는 만큼 꼭 알아둡시다.

미래진행(~하는 중일 것이다)

She will be playing piano someday. 그녀는 언젠가 피아노를 연주하고 있을 거야.

I will be sleeping at 10pm tomorrow. 내일 밤 10시에 나는 자고 있는 중일 거야.

진행형 불가 동사

진행형으로 쓰면 안 되는 동사가 있습니다. 가령, 우리말에는 '~을 알고 있다'고 해도 말이 되지만 영어에서 know는 진행형으로 쓸 수 없어요. 진행형은 동작이나 움직임이 말 그대로 진행되고 있다는 뜻이라, '안다'는 상태를 나타낼 때는 진행형을 쓰면 안 됩니다. 논리적으로 쉽게 이해되지만, 영어에서는 진행형으로 쓸 수 없는 동사가 우리말에서는 '~고 있다'는 표현이 가능해서 헷갈립니다. 유명한 공포영화 〈나는 네가 지난 여름에 한 일을 알고 있다〉의 원제는 I know what you did last summer 입니다.

감정동사 like, love, prefer, hate, dislike, want

지각동사 see, feel, smell, hear, taste

지속동사 resemble, appear, disappear, exist

인식동사 know, believe, resemble, remember, forget

소유동사 have, own, possess, belong to

They are resembling each other. 그들은 서로 닮았어. (X)

I am feeling good. 나는 기분이 좋아. (X)

하지만 관용적으로 How are you feeling today?(오늘 기분[몸] 어때?)라는 표현은 흔히 씁니다.

I am remembering his name. 나는 그의 이름을 기억하고 있지. (X)

He is belonging to three sports clubs. 그는 세 개의 스포츠 클럽에 소속되어 있어. (X)

이 규칙에는 예외가 있습니다. 몇 가지 살펴볼까요?

He is having lunch. 그는 점심식사를 하고 있다.

have는 '갖다'의 뜻으로 쓸 때는 진행형으로 쓰지 않지만 '먹다'의 뜻으로 쓰면 진행형이 가능합니다.

I'm still loving you. 나는 여전히 너를 사랑하고 있어.

want, love, believe 같은 단어는 원칙적으로 진행형이 불가능합니다. 가지고, 원하고, 사랑하고, 믿는 것은 동작보다는 상태를 나타내는 말이므로 진행형으로 쓰지 않습니다. 그러나 노래 가사 같은 구어체에서는 예외적으로 진행형을 쓰기도 합니다.

완료진행형

완료진행형은 앞서 공부한 완료형에 진행을 더한 표현으로, 과거의 뭔가가 지금까지 진행되고 있거나 진행될 것임을 나타냅니다. 즉, '완료형'을 기반으로 하되 연속성(진행)에 초점을 맞춘다는 점이 핵심이죠. 현재완료와 현재완료진행의 뜻이 어떻게 달라지는지 살펴볼까요?

현재완료진행 : have been ~ing

현재완료에서 진행의 의미를 강조할 때 씁니다.

① 현재완료

It has rained since last Friday. 지난 금요일 이후로 비가 왔다.

I have lived in Seoul for 30 years. 나는 30년 동안 서울에서 살아왔어.

② 현재완료진행

It has been raining since last Friday. 지난 금요일 이래로 비가 오고 있다.

Ryan has been living in Seoul for 20 years.

라이언은 20년 동안 서울에서 살아오고 있어.

과거완료진행 : had been ~ing

과거완료에 진행의 의미를 추가한 것으로 자주 쓰는 표현은 아닙니다.

When Emma arrived home late yesterday, her husband had been cooking pumpkin soup for one hour. 에마가 어제 늦게 집에 도착했을 때 그녀의 남편은 한 시간째 호박 스프를 요리하는 중이었지.

Charles had been playing a computer game when mom called him.

엄마가 전화했을 때 찰스는 컴퓨터 게임을 하던 중이었어.

미래완료진행 : will have been ~ing

미래완료에 진행의 의미를 추가한 것으로 역시 자주 쓰지는 않습니다.

I will have been working until you come here.

네가 여기에 올 때까지 나는 일하는 중일 거야.

By the time of next year, Harper will have been working for this company for

30 years. 내년이 되면 하퍼는 이 회사에서 일해온 지 30년이 된다.

시제를 끝냈다고요? Clap clap clap(짝짝짝)! 여기까지 오신 여러분께 applause(박수갈채)를 보냅니다! 이제 거의 다 왔습니다! 시제까지 공부했으면 영어의 기본 틀은 거의 다 익힌 셈입니다. 영어 문법은 특별한 재능이나 엄청난 노력 없이도 누구나 불편하지 않을 만큼 익힐 수 있어요. 그냥 영어라는 언어의 규칙과 패턴에 익숙해지면 됩니다. 좀 더 힘을 내서 앞으로 나아가죠.

Chapter 10

디테일에 강한 분사, 세련미 넘치는 분사구문

천의 얼굴을 가진 분사의 매력

분사라는 말이 무슨 뜻일까요? 분사는 영어로 participle인데 그 어원은 '참여하다'라는 뜻입니다. 즉, 분사는 형용사에 참여해 명사를 꾸미고, 동사에 참여해 시제나 수동태에 쓰이는 등 그 이름값을 톡톡히 합니다.

분사에는 현재분사와 과거분사가 있는데 현재분사는 동사에 ~ing를 붙여서 만들고, 과거분사는 과거동사와 형태가 같기도 하고 다르기도 합니다. 현재분사나 과거분사 모두 명사 앞이나 뒤에서 명사를 꾸미기도 하고, 분사구문을 만들기도 하면서 문장에 참여해 다양한 역할을 하느라 바쁩니다.

품사의 하나인 동사는 그 자체만으로도 활용도가 높고 중요하지만 기능을 확장해서 쓸 수도 있습니다. 앞서 동사를 명사로 활용하는 동명사를 알아보았는데요. 이번엔 동사를 형용사로 활용하는 분사에 대해 알아봅니다.

분사의 기본 역할

명사 수식

형용사로 명사를 수식하면 되는데, 왜 동사를 활용한 형용사(분사)를 쓰는 걸까요? 그 이유는 두 가지입니다.

첫째, 표현하려는 내용의 형용사가 없을 때, 동사의 형태를 분사로 바꾸어 명사를 수식하면 다양한 표현이 가능하기 때문입니다. '춤추는 남자'라고 말하고 싶은데, '춤추는'이라는 형용사가 없으니 '춤추다'라는 동사를 분사로 만들어 명사를 꾸미는 형용사 역할을 하게 하는 겁니다.

a dancing man 춤추는 남자

둘째, 분사를 활용하면 훨씬 더 섬세하고 정확한 표현을 할 수 있습니다.

hot water 뜨거운 물

그냥 뜨거운 물이라고 표현해도 충분할 때가 있지만, 지금 팔팔 끓이고 있기 때문에 뜨거운 거라면, '뜨거운 물'이라는 표현보다 '끓고 있는' 물이라는 표현이 훨씬 더 생생하고 정확합니다. 바리스타에 따르면 같은 커피라도 막 끓고 있는 물에 탄 커피와, 일정 온도로 식힌 물에 탄 커피는 맛이 다르다고 합니다. 물의 온도가 커피 맛의 미묘한 차이를 만들어내듯, 분사도 언어의 맛에 미묘한 변화를 줍니다.

Boiling water 끓고 있는 물 **(현재분사)**

Boiled water 끓인 물 **(과거분사)**

분사는 두 종류가 있습니다. 동사원형+ing 형태인 현재분사와, 동사의 3단 변화(동사원형-과거-과거분사) 중 마지막 변형인 과거분사(p.p)가 있습니다. 앞서 살펴본 '끓고 있는 물'과 '끓인 물'처럼 현재분사와 과거분사의 미묘한 차이를 이해하는 것이 분사를 이해하는 첫걸음입니다.

현재분사(~ing) : 능동(또는 진행)의 의미

과거분사(p.p) : 수동(또는 완료)의 의미

분사가 명사를 꾸미는 형용사 역할을 할 때, 꾸밈을 받는 명사와의 관계가 능동(또는 진행)인지 수동(또는 완료)인지에 따라 현재분사를 쓸지, 과거분사를 쓸지 결정됩니다.

falling leaves 떨어지고 있는 나뭇잎

fallen leaves 떨어진 나뭇잎

sleeping baby 잠자고 있는 아기

broken window 깨진 유리창

같은 나뭇잎이라도 떨어지고 있는 '진행'의 상황에는 현재분사를, 이미 떨어진 '완료'의 상황에는 과거분사를 씁니다. 또 아기는 '능동'적으로 잠을 자는 주체라 현재분사를 쓰고, 유리창은 누군가에 의해 '수동'적으로 깨진 것이라 과거분사를 씁니다.

Look at the singing bird over there. 저쪽에서 노래하고 있는 새를 봐라.

Wounded soldiers are being treated. 부상당한 군인들이 치료받는 중이다.

분사는 주로 형용사처럼 명사 앞에서 꾸며주지만, 다른 단어들과 결합해 수식어구가 되어 길어지면, 명사 뒤에서도 꾸며줍니다.

a person speaking two languages 두 언어를 말하는 사람

a book written in English 영어로 쓰인 책

보어 역할

형용사의 또 다른 역할은 문장에서 주어나 목적어를 보충하는 보어가 되는 것입니다. 분사는 보어로서도 형용사가 미처 하지 못하는 다채로운 표현을 가능하게 해주는 기특한 녀석이죠. 고마워, 분사~

The child kept me waiting so long. 그 아이는 나를 아주 오래 기다리게 했어.

Finally, I heard my name called behind my back.

마침내 나는 등 뒤에서 내 이름이 불리는 것을 들었지.

첫 번째 문장에서 me(목적어)와 wait(목적보어)의 관계는 능동이므로 ~ing를 쓰고, 두 번째 문장에서 my name(목적어)과 call(목적보어)의 관계는 수동적이므로 p.p를 씁니다. 비슷한 예문을 더 살펴보죠.

I saw him walking alone. 나는 그가 혼자 걷고 있는 것을 보았어.

He felt his shoulder touched. 그는 자신의 어깨에 뭔가 닿는 걸 느꼈지.

감정동사의 분사

파릇파릇 새싹이 돋아나는 싱그러운 봄, 시원한 파도가 출렁이는 바닷가 축제의 여름, 뒹구는 낙엽 위로 어디선가 쓸쓸함이 밀려오는 가을, 매서운 칼바람이 옷깃을 여미게 하는 겨울….

그냥 봄, 여름, 가을, 겨울이 아니라 그 분위기와 느낌을 우리는 현장에 있는 것처럼 생생하게 표현하고 싶어합니다. 그렇게 해야 귀로 듣거나 글로 읽는 사람에게도 공감을 불러일으킬 수 있습니다. 옛날 어느 시인은 시를 쓰러 산에 올라갔다가 한 줄도 쓰지 못하고 하염없이 울며 그냥 내려왔다고 합니다. 경치가 너무 아름다워 감히 글로 다 표현을 할 수 없다며 한탄했다고 하죠. 그처럼 강한 표현 욕구를 지닌 우리는 늘 언어의 한계를 느낍니다. 그중에서도 기존의 형용사만으로는 감정 표현에 큰 한계를 느껴 감정을 나타내는 동사를 활용한 분사를 적극적으로 사용하게 되었죠.

분사로 활용하기 전에 먼저 감정동사에는 어떤 것들이 있는지 살펴보겠습니다.

bore	지루하게 하다	surprise	놀라게 하다
excite	흥분하게 하다	interest	흥미를 일으키게 하다
shock	충격을 주다	confuse	혼란스럽게 하다
irritate	짜증나게 하다	embarrass	당황하게 하다
disappoint	실망시키다	satisfy	만족시키다
fascinate	매료시키다	annoy	성가시게 하다

감정을 표현할 때 주로 쓰는 이런 동사들이 형용사 역할을 할 때 현재분사로 바꿀지, 과거분사로 바꿀지 그 기준은 무엇일까요?

현재분사 : 주어가 감정을 타인에게 불러일으킬 때

과거분사 : 주어가 자신의 감정을 표현할 때

다음 예문들에서 주어가 감정을 불러일으키는 상황인지, 감정을 표현하는 상황인지 생각해보고 그에 따라 현재분사를 쓰는지 과거분사를 쓰는지 살펴봅시다.

I am bored. 나는 심심해.

He is boring. 그는 따분한 사람이야.

He was disappointed. 그는 실망스러웠다.

I was surprised. 나는 놀랐어.

He is interesting. 그는 흥미로워.

사람이 주어일 때는 대부분 과거분사가 옵니다. 사람이 감정을 느끼고 표현하는 주체니까요. 사람이 주어일 때 보어로 현재분사를 쓰는 것도 문법적으로 가능하긴 하지만 흔하진 않아요. 위의 예문 중 He is boring 같은 문장은 별로 바람직하지 않은 표현이죠. 내가 그 사람과 얘기할 때 지루했다고 해서 상대방을 지루한 사람이라고 단정해서는 안 됩니다. He is interesting 역시 칭찬일 수도 있지만, 누군가를 한 마디로 평가하는 것은 좋은 의미일 때도 예의에 어긋날 수 있습니다. 은사님과 얘기하다가 "당신은 흥미롭네요" 이렇게 얘기할 수는 없으니까요. 문법에는 맞더라도 이런 문장은 쓰지 않는 게 좋습니다. 반면 주체가 사물일 때는 그 사물이 감정을 유발하므로 현재분사를 씁니다.

surprising news 놀라운 뉴스

shocking event 충격적인 사건

boring movie 따분한 영화

exciting sports 흥미진진한 스포츠

현재분사와 동명사의 구분

현재분사와 동명사는 동사원형+ing로 형태는 같습니다. 하지만 역할과 뜻이 다르므로 구분해야 하는데요. 어떻게 구분할까요?

	현재분사	동명사
형태	동사원형+ing	동사원형+ing
역할	명사 수식, 보어(형용사 역할)	주어, 목적어, 보어(명사 역할)
뜻	~하고 있는	~하는 것, ~하기 위한 것

전치사 다음에 나오는 동사원형+ing는 무조건 동명사입니다. 현재분사는 전치사의 목적어가 될 수 없으니까요.

현재분사

Look at the sleeping baby. 잠자고 있는 저 아기를 봐.

The sun is just rising over the horizon. 태양이 막 수평선 위로 떠오르고 있다.

I like the girl singing on the stage. 나는 무대 위에서 노래하고 있는 저 소녀를 좋아해.

동명사

Please stop smoking here. 여기서 담배 피우는 것을 멈춰주세요.

The goal of the travel was finding Nemo. 그 여행의 목표는 니모를 찾는 것이었다.

She is good at playing chess. 그녀는 체스를 잘해.

분사구문

현재분사나 과거분사를 활용한 분사구문은 영어에서 정말 흔히 쓰는 표현입니다. 픽션, 논픽션 가릴 것 없이 분사구문이 없는 글을 찾기 어렵죠. 분사구문을 잘 이해하면 독해력, 문해력이 한층 향상됩니다.

분사구문 3단계

영어에서 세련된 표현이란, 문장 안에서 불필요한 반복을 줄이고, 말하는 사람과 듣는 사람이 굳이 말 안 해도 서로 아는 내용은 생략하는 것입니다. 이런 간결하고 세련된 표현의 대표적인 형태가 분사구문입니다. 사실 우리는 이미 모국어를 이렇게 사용하고 있습니다. 아래 두 문장을 비교해보죠.

1. 그는 너무 배가 고팠기 때문에 그는 음식을 많이 주문하고 싶었다.

2. 그는 너무 배가 고파서 음식을 많이 주문하고 싶었다.

두 문장 중 어느 쪽이 더 자연스럽나요? 2번 문장처럼 간단하게 줄여쓰는 게 더 자연스럽죠. 이런 방식으로 문장을 간결하게 만드는 것을 영어에서 분사구문이라고 합니다. 분사구문을 쓰는 이유는 효율적인 의미 전달을 위해서입니다. 상당히 자주 쓰는 표현이라 빠르고 정확한 독해를 위해서 꼭 알아두어야 합니다. 1번 문장을 영어로 쓰면 다음과 같습니다.

Because he felt very hungry, he wanted to order a lot of food.

자, 이제 이 문장을 세련되게 바꿔 볼까요? 3단계에 걸친 작업이 필요합니다. 단계별로 하나씩 해보죠.

1단계 : 접속사 생략

접속사가 없어도 의미를 알기 때문에 생략을 원칙으로 하지만 반드시 생략해야 하는 것은 아닙니다. 접속사의 의미를 강조하기 위해 남겨두기도 해요.

2단계 : 부사절과 주절의 주어가 같을 경우 주어 생략

부사절(Because he felt~)의 주어(he)가 주절의 주어(he)와 같으면 생략이 가능합니다. 영어가 그토록 싫어하는 반복을 피합시다.

3단계 : 부사절의 시제와 주절의 시제가 같으면 동사원형+ing 사용

이때 동사가 be동사라면 현재분사 being은 생략 가능한데, 쓸 때보다 생략하는 경우가 더 흔합니다.

이 3단계를 적용해서 다시 쓰면, 이렇게 훨씬 간결하고 멋진 문장으로 탈바꿈합니다.

Feeling very hungry, he wanted to order a lot of food.

한 걸음 더 들어가 보죠. 부사절의 시제가 주절의 시제보다 한 시제 이전인 경우를 살펴보겠습니다.

Although I slept a lot last night, I'm so tired now.

지난밤에 많이 잤는데도 지금 엄청 피곤해.

많이 잔 건 과거의 일이고, 피곤한 건 현재입니다. 이때는 위의 1, 2단계를 거쳐 3단계에서 having p.p를 사용합니다.

Having slept a lot last night, I'm so tired now.

분사구문 거꾸로 3단계

많은 문법 교재가 이렇게 분사구문을 만드는 연습에 초점을 두지만, 실제로는 분사구문을 보고 거꾸로 생략된 말을 파악하는 것이 더 중요합니다. 우리는 영어를 배울 때 작문보다는 독해를 훨씬 더 많이 하니까요. 실제 영어 문장에서는 생략 없이 전체 요소를 다 갖춘 문장보다는 생략할 수 있는 요소는 모두 생략하고 분사구문으로 표현할 때가 훨씬 더 많으므로, 분사구문을 보면서 생략된 게 무엇인지 빨리 간파하는 능력이 독해력을 좌우합니다. 아래 분사구문을 보면서 거꾸로 원래 문장을 유추해 보죠.

(Being) left alone, he doesn't feel lonely at all.

혼자 남겨졌지만, 그는 전혀 외롭지 않다.

1단계 : 생략된 접속사 살리기

무슨 접속사가 생략되었는지를 생각할 때는 주절과 종속절의 논리적 관계를 생각하면 됩니다. '혼자 남겨졌다는 사실'과 '그는 외롭지 않다는 사실'이 자연스럽게 연결되려면 중간에 어떤 접속사가 필요할까요? 개인차도 있고 상황에 따라 다르지만, 대개 '혼자'라는 것은 '외로움'과 연결되는데 외롭지 않다고 하니, '~임에도 불구하고, 비록 ~지만'이라는 접속사가 어울립니다.

2단계 : 생략된 주어 살리기

left 앞에 올 주어는 부사절의 주어 he와 같으니까 생략했겠죠.

3단계 : 생략된 시제 살리기

시제가 같으면 '동사원형+ing'라고 했는데 주절의 시제(doesn't feel)는 현재네요. 그러니 생략된 부사절의 시제도 당연히 현재겠죠.

이 거꾸로 3단계를 거쳐 원래 문장을 복구하면 다음과 같습니다.

Although he is left alone, he doesn't feel lonely at all.

그는 비록 혼자 남겨졌지만, 그는 전혀 외롭지 않다.

분사구문 거꾸로 3단계 더 깊게 알아보기

분사구문을 '접속사+주어+동사'로 되살리는, 거꾸로 3단계를 좀 더 자세히 알아볼까요?

먼저 1단계, 접속사 되살리기 단계에서 생략된 접속사가 무엇인지 종류별로 살펴보죠.

① 시간 : when, while, before, after, until, as soon as

when이나 while인 경우가 가장 많지만, 섬세한 해석을 위해 글의 흐름상 가장 어울리는 접속사를 넣어서 뜻을 파악합니다.

Walking in the park, she found a very big dog alone.

→While she was walking in the park, she found a very big dog alone.

공원을 걷던 중 그녀는 혼자 있는 아주 큰 개를 발견했다.

② 이유 : because, as, since

종속절과 주절이 원인과 결과로 연결되는 경우에 쓰는 접속사입니다.

(Being) extremely poor, they could not feed their children.

→Because they were extremely poor, they could not feed their children.

그들은 극도로 가난했기 때문에 아이들을 먹일 수 없었어.

③ 조건 : if, unless

Taking a taxi, you will get there easily.

→If you take a taxi, you will get there easily.

택시를 타면 너는 거기에 쉽게 도착할 수 있어.

조건절에서는 미래의 일을 현재시제로 표현하죠.

④ 양보 : though, although

Living in Australia for a while, he does not speak English.

→Although he lives in Australia for a while, he does not speak English.

그는 호주에서 한동안 살고 있는데도 영어로 말하지 못한다.

2단계, 생략된 주어 되살리기를 생각해보죠. 부사절의 주어와 주절의 주어가 같으면 생략 가능하나, 주어가 다를 땐 생략하지 않고 분사구문에 남아있습니다.

It rainy yesterday, I didn't go shopping. 어제 비가 와서 나는 쇼핑을 가지 않았어.

주어(It) 다음에 동사가 오지 않고 형용사(rainy)가 오니 틀린 문장일까요? 여기서는 주절과 종속절의 주어가 달라서 분사구문의 주어가 생략되지 않았습니다. 분사구문이라면, 동사원형+~ing는 어디 갔나요? 종속절의 동사는 be동사였는데, being은 생략할 수 있습니다. 그래서 분사구문이지만 막상 분사는 사라진 거죠. 그럼, 원래 문장을 복원해 볼까요?

As it was rainy yesterday, I didn't go shopping.

이처럼 주어가 살아있는 분사구문, 동사가 be동사라서 형용사만 남은 분사구문에도 익숙해져야 독해에 어려움을 겪지 않습니다.

마지막으로 3단계, 생략된 시제를 되살리는 단계도 더 깊이 살펴볼까요? 부사절의 시제가 주절의 시제와 같을 때는 '동사원형+ing'를 쓰면 되지만, 문맥상 부사절의 시제가 주절의 시제보다 이전인 문장도 흔합니다.

Having finished the project, she takes rest now.

그 프로젝트를 끝냈으므로 그녀는 지금 휴식을 취한다.

휴식을 취하는 것은 현재인데, 그 프로젝트를 끝낸 것은 과거에 일어난 일입니다. 이렇게 분사구문의 시제가 더 앞설 때 having p.p를 쓴다고 했죠? 원래 문장을 복원할 때는 부사절의 시제를 주절보다 한 단계 앞선 시제로 써주면 됩니다.

As she finished the project, she takes rest now.

대학 시절 원어민 교수님 중 독특한 언어습관을 지닌 분이 있었습니다. 수업 시간 중 "Having said that, I…(그렇게 말했듯이 나는…)"라는 표현 다음에는 시험에 자주 출제되는, 반드시 알아야할 핵심 내용 설명이 이어졌습니다. 졸던 친구들도 번쩍 정신이 들게 깨우던 그 한 마디, 'Having said that~' 이 말은 개인적으로 참 추억이 어린 표현입니다.

비인칭 독립분사구문

비인칭 독립분사구문은 분사구문의 형태로, 말 그대로 특별한 인칭 없이 독립적으로 사용하는 관용적 표현입니다. 그냥 외워야 하는 용법이죠. 하지만 이 표현들에 익숙해지려고 일부러 자주 쓰지는 않도록 유의하십시오. "솔직하게 얘기해서"라는 말을 남용하면, 오히려 '그럼 전에 한 얘기는 솔직하게 얘기한 게 아닌가' 하는 오해를 낳을 수도 있습니다. 다른 표현들도 일상적으로 쓰기엔 강한 표현들이죠.

generally speaking	일반적으로 말하면	frankly speaking	솔직히 말하면
strictly speaking	엄격히 말하면	roughly speaking	대충 말하면
considering	~를 고려하면	judging from	~로 판단하건대

Generally speaking, the most miserable people I know are those who are obsessed with themselves. 『위대한 원칙 Standing for Something』 중에서 일반적으로 말하면, 내가 알고 있는 사람 중 가장 불행한 사람은 자기 자신에게 집착하는 사람이다.

Frankly speaking, English is not a difficult language to learn.

솔직히 말하면 영어는 배우기 어려운 언어가 아니다.

Strictly speaking, I have nothing to do with the accident.

엄격히 말하면 나는 그 사고와 관련이 없다.

Judging from his accent, he must be from India.

그의 억양으로 판단하건대 그는 인도 출신임에 틀림없다.

Chapter 11

동사에 날개를 달아주는 조동사

동사를 위해 태어난 조동사

살다 보면 '내가 하는 일을 누가 좀 도와줬으면…' 싶을 때가 있습니다. 영어 문장의 핵심이라고 할 수 있는 동사는 형태를 바꿔가며 다양한 역할을 하는 팔방미인입니다. 하지만 너무 할 일이 많으니 혼자서는 버겁습니다. 이때 짠~ 하고 나타나서 도와주는 친구가 있죠.

He sings a song. 그가 노래를 불러.

He can sing a song. 그가 노래를 부를 수 있어.

He may sing a song. 그가 노래를 부를지도 몰라.

He will sing a song. 그가 노래를 부를 거야.

He must sing a song. 그가 노래를 불러야 해.

can, may, will, must는 동사 sing이 표현할 수 있는 뜻을 확장해 주는데 이를 조동사(助動詞)라고 합니다. 용어 그대로 조동사는 동사를 도와주는 역할을 해요. 조동사는 동사 앞에서 문장을 더 명확하고 풍부하게 만들어주는 양념 같은 역할을 합니다. 도와주는 역할이니 단독으로 쓰지 못하며, 조동사를 사용할 때는 다음 두 가지 규칙이 있습니다.

첫째, 조동사 뒤에는 항상 동사원형을 쓴다.

둘째, 부정문을 만들 때는 부정어(not, never 등)가 조동사 바로 뒤에 와야 한다.

영문법 교재에 따라서는 가능, 추측 등 우리말 뜻에 따라 조동사의 종류를 나누어 가르치기도 합니다. 가령, 추측을 나타내는 조동사를 한데 모아, 의미가 가장 강한 must(~임에 틀림없다)부터 may(~일지도 모른다), can't(~일 리가 없다)까지 순서대로 설명하는 방식입니다. 이 방법은 처음 조동사를 공부할 때보다는 다 배우고 난 뒤 복습할 때 더 효과적입니다. 일단은 조동사 하나하나를 살펴보고 이해하는 것이 선행되어야 하죠.

Can/Could

능력 : 할 수 있다

I can speak English. 나는 영어로 말할 수 있다.

'할 수 있다'는 의미의 can은 'be able to'로 바꿔쓸 수 있는데 여기서 be 동사는 주어의 인칭과 수, 문장의 시제에 맞춰씁니다.

I am able to speak English. 나는 영어로 말할 수 있다.

I was able to speak English. 나는 영어로 말할 수 있었다.

I will be able to speak English. 나는 영어로 말할 수 있을 것이다.

주의해야 할 점은 can은 사람과 사물 모두를 주어로 쓸 수 있는 반면 be able to는 사물을 주어로 쓰지 않는다는 것입니다.

This hotel can accommodate hundreds of tourists. (O)

이 호텔은 수백 명의 관광객을 수용할 수 있다.

This hotel is able to accommodate hundreds of tourists. (X)

엄밀히 말하면 can은 몸에 밴 능력, 즉 지속해서 발휘할 수 있는 능력이나 평소에 할 수 있는 능력을 말하는 반면 be able to는 일시적인 능력을 뜻합니다.

Elsa can drive but is not able to drive a car now because she is drunk.

엘사는 운전할 수 있지만(운전할 줄 알지만) 지금은 술에 취해 할 수 없다.

Due to an ankle injury, Gregory is not able to walk now.

발목 부상 때문에 그레고리는 지금 걸을 수 없다.

이것은 절대적인 규칙이라기보다는 미묘한 의미상의 차이이므로 예문을 기억해두는 선에서 넘어가면 됩니다.

추측

① 긍정문 : ~일 수도 있다

The rumor can be true. 그 소문이 진실일 수도 있다.

② 부정문 : ~일 리가 없다

The rumor cannot be true. 그 소문이 진실일 리가 없다.

느낌이 중요한 could

could는 can의 과거형이지만, 과거시제를 표현하기 위해 쓰는 경우는 거의 없습니다. 이건 무슨 뚱딴지 같은 소리일까요? 과거형인데 과거가 아니라니요? 예문을 한번 살펴볼까요?

He can read the book. 그는 그 책을 읽을 수 있다.

He could read the book. (?) 그는 그 책을 읽을 수 있었다.

과거시제를 표현하기 위해서는 can의 과거형인 could보다 be able to의 과거형을 사용하는 게 더 자연스럽습니다.

He was able to read the book. 그는 그 책을 읽을 수 있었다.

그렇다면 could는 대체 어떤 상황에서 쓸까요? could는 can보다 확률이나 확신이 다소 낮을 때 씁니다.

I can do it. 나는 그것을 할 수 있다!

I could do it. 나는 그것을 할 수 있다(할 수 있겠지).

이렇게 별로 확신이 없는 표현을 할 때 미국인들은 약간 인상을 쓰고 고개를 갸우뚱하면서, 손바닥을 아래로 향하고 양 옆으로 천천히 흔드는 습관이 있습니다.

상대방에게 can I나 can you로 물어보는 표현은 능력을 물어보는 게 아니라 허락을 구하거나 부탁하는 표현입니다. 상대방에게 부탁하는 의문형 표현에서 could를 쓰면 can보다 더 공손한 표현이 됩니다.

Can you open the door? 문 좀 열어줄래요?

Could you open the door? 문 좀 열어주시겠어요?

미소 지으며 Could you~로 시작하는 부탁은 웬만해서는 거절하기 어렵습니다. 여기에 please(제발, 부디, 정말)를 추가한 Could you please~는 상대방이 거절하기 힘든 아주 공손한 표현이라 내가 원하는 바를 이룰 수 있다고 해서 원어민들 사이에서는 오래 전부터 magic words(마법의 표현)라고 불릴 정도였습니다. 영어는 우리말의 높임말에 해당하는 표현이 없는 대신 이런 말을 통해 격식을 갖춥니다. 예의 바른 매너와 함께 Could you~나 Could you please~를 적절히 활용하면 서툰 영어로도 상대방에게 좋은 인상을 줄 수 있습니다.

추측의 과거형 부정 cannot have p.p : ~했을 리가 없다

앞에서 살펴본 것처럼 cannot은 '~할 수 없다'는 뜻뿐만 아니라 '~일 리가 없다'라는 현재 추측의 의미도 있습니다. 그렇다면 '~했을(였을) 리가 없다'라는 과거 추측은 어떻게 쓸까요? 바로 cannot have p.p입니다. '~일 리가 있다'라는 우리말이 없듯 영어에서도 can have p.p라는 표현은 쓰지 않습니다.

She cannot have fallen in love with him. 그녀가 그와 사랑에 빠졌을 리가 없어.

She cannot have forgotten his younger days.

그녀가 그의 젊은 시절을 잊었을 리가 없어.

can뿐만 아니라 다른 조동사에도 have p.p가 결합하면 과거를 나타냅니다. 조동사+have p.p는 과거를 나타낸다는 점을 꼭 기억해두세요.

can을 포함한 관용 표현

cannot~ too	아무리 ~해도 지나치지 않다
cannot help ~ing(=cannot but 동사원형)	~하지 않을 수 없다
cannot~ without	~하면 반드시 ~하다(~없이 ~할 수 없다)

cannot~ without과 같은 표현을 이중부정이라고 합니다. 이중부정은 우리말에도 있는 표현 방식으로, 강한 긍정의 의미입니다. 흔히 쓰는 중요한 표현이죠.

We cannot have too much sympathy. 우리는 아무리 연민을 가져도 지나치지 않다.

He cannot help loving her. 그는 그녀를 사랑하지 않을 수 없다.

She cannot sleep without dreaming.

그녀는 잠들면 반드시 꿈을 꾼다(꿈꾸지 않고서는 잠을 잘 수 없다).

May/Might

허락

① 긍정문 : ~해도 좋다

You may go home now. 너는 이제 집에 가도 좋아.

② 의문문 : ~해도 될까요?

앞서 부탁할 때 'can I~'로 물어보는 것은 허락을 구하는 표현이라고 했습니다. may는 can보다 더 격식을 갖출 때 씁니다.

May I use your phone? 당신의 전화기 좀 써도 되나요?

대답은 Yes, you may 또는 No, you may not으로 하면 됩니다.

③ 부정문 : ~해서는 안 된다

Sorry but you may not smoke here. 미안하지만 여기서 담배를 피워서는 안 돼.

불확실한 추측

흔히 can은 '추측', may는 '불확실한 추측'이라고 설명합니다. may는 can보다 상대적으로 판단의 근거가 불충분하고 확신의 강도가 더 약할 때 쓰기 때문입니다.

We may meet each other someday in the near future.

우리는 가까운 미래에 어느 날 서로 만날지도 모른다.

It may or may not be true. 그것은 사실일지도, 사실이 아닐지도 모른다.

느낌이 중요한 might

might도 could와 비슷합니다. may의 과거형이지만 과거의 의미는 아닙니다. 실현 가능성과 확률이 희박할 때나 더 공손한 표현을 할 때 씁니다.

미국에서 선거를 앞두고 어느 TV토론 프로그램에서 두 정치인이 격렬하게 논쟁한 일이 있었습니다. 상대방이 예전에 이행하지 못한 공약을 빌미로 강하게 밀어붙이는 정치인 A와, 수세에 몰렸으나 인정하기는 싫은 정치인 B의 대화 중 일부입니다.

A : What I'm saying is 100% true. Don't you agree?

내가 말하고 있는 것은 100% 진실입니다. 동의하지 않습니까?

B : Well, you might be right, but… 글쎄요, 당신이 옳을지도 모르죠. 그러나…

'You may be right'가 아닌 'You might be right'라고 may 대신 의도적으로 might를 썼습니다. 공약을 이행하지 못한 것은 사실인데, 사실을 대놓고 부정할 수는 없으니 그럴지도 모른다고 질문을 회피하면서, 일부러 may보다도 한층 확률이 낮은 might를 쓴 것입니다. 상대방이 지적한 사실의 확률을 낮추어 자기방어를 하는 일종의 교묘한 술책이었습니다. 상대방의 말에 부정할 수는 없고 그렇다고 동의해주기는 싫을 때 쓸 수 있는 표현입니다. 문법을 따로 공부하지 않아도 영어 방송을 많이 보고 원서를 많이 읽다 보면 이런 차이를 자연스럽게 알게 될 수도 있습니다. 그렇더라도 그것은 너무 먼 길을 돌아서 가는 것이죠.

추측의 과거형 may have p.p : ~였을지도 모른다

동사 may를 써서 과거의 추측을 나타내는 표현은 may have p.p입니다.

Andres may have met them before. 안드레이스는 그들을 이전에 만났을지도 몰라.

Luna may have been totally drunk yesterday. 루너는 어제 완전히 취했을지도 몰라.

may가 포함된 관용적 표현

may(might) well ~하는 것은 당연하다

may(might) as well ~하는 것이 더 낫다

Sophia may well be proud of her daughter.

소피아가 자기 딸을 자랑스러워 하는 것은 당연해.

You may as well have a sleep now. 넌 지금 자는 게 낫겠어.

will/would

will은 '~할 것이다, ~일 것이다'라는 뜻입니다. 흔히 미래를 뜻한다고 하는데 구체적으로 살펴보면 확실한 추측, 의지나 고집, 경향, 상대방의 의향을 묻거나 권유하는 등의 여러 의미가 있지만 실제로 사용할 때 혼동할 여지는 별로 없으므로 일일이 외울 필요는 없습니다.

Surround yourself with people who empower you to become better.

Anonymous

당신이 더 나은 사람이 되도록 북돋워주는 사람들로 주위를 에워싸라.

확실한 추측

Brian will come back soon. 브라이언은 곧 돌아올 거야.

Julie will be pleased. 줄리는 기뻐할 거야.

의지나 고집

The Korean national team will win the match.

한국 국가대표팀이 그 시합에서 승리할 것이다.

Keith will never give up his big dream. 키스는 결코 그의 큰 꿈을 포기하지 않을 거야.

경향

Everyone in the world will face many difficulties on life's journey.

이 세상 모든 사람은 인생이라는 여정에서 많은 어려움에 맞닥뜨린다.

상대방의 의향을 묻거나 권유하는 표현

Will you be there tomorrow? 내일 거기에 있을 거니?

Will you come right now? 바로 지금 올 거니?

Will you have some coffee? 커피 좀 마실래?

would의 용법

① 과거의 습관적 행동(=used to)

We would visit our relatives during summer vacation.

우리는 여름방학 때 친척들을 방문하곤 했어.

Eric would take a nap when he was tired. 에릭은 피곤할 때 낮잠을 자곤 했지.

일부 교재에서는 would는 불규칙적인 습관, used to는 규칙적인 습관을 뜻한다고 딱 잘라 구분하기도 하는데, 살짝 어감의 차이가 있다는 정도만 알고 넘어가는 편이 낫습니다. 구분하려고 애쓰면 더 헷갈릴 수 있습니다. 일상적인 행동은 어디까지가 규칙적이고 어디까지가 불규칙적인지 명확하지 않은 경우가 많으니까요. 그보다는 used to는 과거의 동작과 상태에 모두 쓰고 would는 과거의 동작에만 쓴다는 점에서 확실하게 구분됩니다.

습관적 행동을 표현할 때는 would와 used to 둘 다 쓸 수 있고, 상태를 나타낼 때는 used to만 쓸 수 있다고 생각하면 됩니다.

This place used to be an office. 여기 사무실 하나가 있었다. (O)

This place would be an office. (X)

② 과거의 의지나 고집

Justin would not accept her offer.

저스틴은 그녀의 제안을 받아들이지 않을 거야.

Kevin insisted that he would go there. 케빈은 거기에 가겠다고 고집 부렸어.

③ 공손한 제안

Would you do me a favor? 부탁 하나만 들어주시겠습니까?

Would you pass me the salt? 소금 좀 건네주시겠습니까?

④ would를 포함한 관용 표현

Would you like to 동사원형? ~하시겠습니까? (정중한 권유)

would like to 동사원형 ~하고 싶다 (소망을 나타내는 공손한 표현)

would rather A(동사원형) than B(동사원형) B하느니 차라리 A하는 것이 낫다

Would you like to give me a chance? 저에게 기회를 한번 주시겠습니까?

I would like to meet the movie actor. 나는 그 영화배우를 만나고 싶어.

You would rather keep silent than tell a lie.

너는 거짓말을 하느니 차라리 조용히 있는 게 낫다.

could, might, would가 진짜 과거형으로 쓰이는 경우

조동사 could, might 그리고 would는 can, may, will이라는 원형에서 파생된 과거형이지만, 원형과 다른 뜻으로 현재시제에서 많이 쓰입니다. 그럴 때 어떤 의미로 쓰이는지 앞에서 다루었습니다. 그런데 과거를 표현하는 제 역할에 충실할 때가 있습니다. 바로 주절의 시제가 과거일 때 종속절의 시제를 일치시키는 경우입니다.

He thought that he could do it. 그는 그가 그것을 할 수 있다고 생각했어.

might 그는 그가 그것을 할지도 모른다고 생각했어.

would 그는 그가 그것을 할 것이라고 생각했어.

주절은 문장 전체의 주어+동사 구조를 뜻하고, 종속절은 주절에서 하나의 품사(명사, 형용사, 부사) 역할을 하는 절, 말 그대로 주절에 종속된 절을 말합니다. 앞서 예문에서는 'He thought'가 주절, that 이하는 종속절로서 that절 전체가 동사 thought의 목적어입니다.

should

~해야 한다(권고하는 뉘앙스의 의무)

You should be careful when you drive at night. 너는 밤에 운전할 때 조심해야 해.

You should stop worrying about it. 너는 그것에 대해 걱정하는 것을 그만둬야 해.

당연히 ~일 것이다, ~하게 될 것이다(당연한 추측, 높은 가능성)

Mario should arrive there by now. 마리오는 지금쯤은 거기에 도착했을 거야.

Iris should accept his offer. 아이리스는 그의 제안을 받아들이게 될 것이다.

This medicine should work within 1 hour. 이 약은 1시간 안에 효능이 나타날 것이다.

놀라움, 유감을 표현하는 should

Why should he spend so much time on the street?

도대체 왜 그는 길거리에서 그렇게 많은 시간을 보내는 걸까?

It's regrettable that you should complain about our food.

네가 우리 음식에 대해 불평하다니 실망스럽군.

주장·명령·제안·요청동사+that 주어 (should) 동사원형

주절에서 사용하면 종속절의 should를 생략할 수 있는 동사들은 다음과 같습니다. 이때 should는 써도 되고 안 써도 되지만, 생략하는 경우가 더 많습니다.

insist	주장하다	order, command	명령하다
urge	촉구하다	suggest, propose	제안하다
advise	충고하다	ask, demand, require, request	요청(요구)하다
recommend	추천하다		

She insisted that Henry (should) go see a doctor.

그녀는 헨리가 진찰을 받아야 한다고 주장했다.

Phillip orders that I (should) follow the rules.

필립은 내가 규칙을 따라야 한다고 명령한다.

I suggest that he (should) apply for the job. 나는 그가 그 일에 지원하기를 제안한다.

한 걸음만 더 들어가보죠. 앞의 표에서 나온 동사가 나오더라도 ~해야 한다는 당위성을 부여하는 의미가 아니라 단순히 '사건이나 정보 전달'을 목적으로 하면 일반적인 시제 일치의 규칙을 따릅니다. 이 경우는 종속절에 의무를 나타내는 should가 나온다고 볼 수 없으니까요.

He insisted that he saw a UFO. 그는 UFO를 보았다고 주장했다. (O)

시제(과거)의 일치

He insisted that he (should) see a UFO. 그는 UFO를 보아야 한다고 주장했다. (X)

이성적 판단 형용사+that 주어 (should) 동사원형

다음과 같은 이성적 판단 형용사 다음에 나오는 that절의 should도 생략할 수 있습니다.

natural	자연스러운	rational	이성적인
essential	본질적인	proper	적절한
strange	이상한	necessary	필요한
urgent	급박한	reasonable	합리적인

It's essential that all children (should) be taken care of well.

모든 아이들이 돌봄을 받아야 한다는 것은 필수적이다.

It's necessary that he (should) stop smoking for his own health.

그는 그 자신의 건강을 위해서 담배를 끊어야 할 필요가 있다.

후회 또는 아쉬움을 나타내는 should have p.p : ~해야만 했었는데

미국에서 대학원을 다니던 시절, 현지 초등학교 영어문법 시간에 observer(관찰자)로 참가한 적이 있었습니다. 거기서 본 인상깊은 수업 장면을 소개합니다.

선생님이 문법 수업을 위해, 후회할 일을 잔뜩 저지른 대학생의 이야기를 지어내서 들려주었습니다.

어젯밤 늦게까지 파티장에 있었고,

과제를 제때 해놓지 않았으며,

아침에 늦잠을 잤고,
급히 운전하느라 속도위반으로 교통법규 위반 딱지를 받았고,
학교 수업에는 지각을 했으며…

이렇게 이어지는 이야기를 들려주면서 학생들에게 should have p.p를 사용해서 작문을 하게 했습니다. 후회와 아쉬움의 표현들이 쏟아져 나왔죠. 가장 창의적인 글을 쓴 학생에게 선생님이 선물을 주는, 흥미로운 방식의 수업이었습니다. 그날의 수상작이 바로 다음 문장입니다.

He should have been closer to a model student like me.

그는 나 같은 모범생과 더 친하게 지냈어야 했다.

should have p.p는 과거에 했던, 혹은 하지 못했던 일에 대한 미련을 나타낼 때 쓰는 대표적인 표현입니다. 살면서 후회하는 일들이 없으면 좋겠지만 안타깝게도 후회 없는 삶은 불가능하죠. 그래서인지 원서와 독해 지문, 일상회화에 이르기까지 상당히 자주 쓰입니다.

I should have invited Daniel. 나는 대니얼을 초대했어야 했는데… (초대하지 않았다)

Joseph shouldn't have parked his car here.

조지프는 그의 차를 여기에 주차하지 말았어야 했는데… (주차했다)

That's what we should have finished a few days ago.

그건 우리가 며칠 전에 끝내야만 했던 것인데… (끝내지 않았다)

shall

예전에는 shall을 '의지 미래'라는 명칭으로 평서문의 2인칭, 3인칭, 그리고 의문문의 3인칭에도 사용했으나 현대 영어에서는 1인칭 의문문으로 제안할 때만 주로 사용합니다.

Shall we dance? 춤추실래요?

What time shall we meet? 우리 몇 시에 만날까요?

Shall I reserve a table for dinner? 저녁 식사 시간에 테이블 하나 예약할 수 있나요?

must

~해야 한다(강제적, 필연적 의무)

명령이나 지시, 강요 등 강한 의무를 나타낼 때 쓰는 표현이라 일상 회화에서 쓰기에는 적합하지 않습니다.

People must obey the law. 시민들은 법을 따라야만 한다.

You must not swim in this river. 너는 이 강에서 수영해서는 안 된다.

~임에 틀림없다(강한 추측)

주로 'must be+형용사' 형태로 많이 쓰지만, 문맥에 따라 'must+일반동사원형'의 형태로 쓸 수도 있습니다.

The rumor must be false. 그 소문은 잘못된 것임에 틀림없어.

He must cheat his boss. 그는 그의 상사를 속이는 것임에 틀림없어.

must의 과거 had to, 미래 will have to

I had to go there yesterday. 나는 어제 거기에 가야만 했어.

You will have to come again. 너는 여기에 다시 와야만 할 거야.

과거의 강한 추측을 나타내는 must have p.p : ~였음에 틀림없다

It must have been love. 그것은 사랑이었음에 틀림없어.

She must have studied very hard. 그녀는 공부를 아주 열심히 했음에 틀림없어.

need

일반동사 need는 간혹 조동사가 될 때도 있는데 주로 부정문이나 의문문에 씁니다. need가 조동사일 때는 다른 조동사와 마찬가지로 need 다음에 동사원형이 옵니다. 주어가 3인칭이라도 need에 s를 붙이지 않고 원형으로 쓰고, 동사도 원형으로 씁니다.

Need she go there? 그녀가 거기에 갈 필요가 있니?

You need not care about this grammar seriously.

여러분은 이 문법에 대해 심각하게 신경 쓸 필요는 없습니다.

그 밖의 조동사

had better

우리나라에서는 had better을 오랫동안 '~하는 게 낫다'로 해석해왔습니다. 아직도 그렇게 설명하는 영어 교재들이 있죠. 그런데 이런 뜻으로 이해하면 실제로 영어를 사용할 때 오해를 받을 수 있습니다. '~하는 게 낫다'라는 표현의 어감이 우리말로는 가벼운 의견 제시나 조언 정도로 들릴 수 있지만 사실 영어에서는 아주 강한 표현입니다. 위키사전(https://en.wiktionary.org/)에서는 had better을 이렇게 설명합니다.

Had better is a strong expression. It usually indicates that there will be a consequence or negative result if someone does not follow the suggestion.

Had better은 강한 표현이다. 주로 누군가가 그 제안을 따르지 않으면 어떤 결과, 특히 부정적인 결과가 있을 것임을 나타낸다.

즉, had better는 다른 사람을 주어로 할 때는 강한 충고나 경고를 나타내는 말로 그렇게 하지 않으면 위험이나 곤경에 빠질 수 있는 상황에 어울리는 표현이고, 나를 주어로 할 때는 꼭 그렇게 해야만 하는 강한 주장을 나타내는 말입니다. 가벼운 권유로 생각하고 남용하면 안 좋은 인상을 줄 수 있습니다.
축약형은 'd better이고 부정형은 had better not입니다. 이 표현은 의무를 나타내는 것으로 better가 비교급 형태라고 해서 비교의 의미는 아닙니다.

You had better tell him everything you did.

너는 네가 했던 모든 것을 그에게 말하는 게 낫다(말해야 한다).

You had better not fight with him.

너는 그와 싸우지 않는 게 낫다(싸우지 말아야 한다).

I'd better not refer to this sensitive issue.

나는 이 민감한 문제에 대해 언급하지 않는 게 낫겠다(언급하지 않겠다).

used to

① ~하곤 했다(과거의 습관)

I used to play badminton with my father when I was young.

나는 어렸을 때 아버지와 배드민턴을 치곤 했지.

② (예전에) ~였다, ~가 있었다(과거의 상태)

There used to a small store on the corner.

예전에 모퉁이에 작은 가게가 하나 있었지.

'used to'는 'be used to'와 헷갈리기 쉽습니다. 간단한 것 같지만, 잘 구분하지 않으면 완전히 다른 해석을 하게 될 수 있으니 예문을 보면서 연습해보죠.

used to+동사원형	~하곤 했다(과거의 습관), ~가 있었다(과거의 상태)
be used to+동명사(명사)	~에 익숙하다(=be accustomed to)
be used to+동사원형	~하기 위해 사용되다

He is used to working at night. 그는 밤에 일하는 것에 익숙해.

I am not used to this area. 나는 이곳 지리에 익숙하지 않아.

She is used to driving a big car. 그녀는 큰 자동차를 운전하는 데 익숙하지.

This material is used to make erasers. 이 재료는 지우개를 만드는 데 사용돼.

Chapter 12

문장구조의 달인으로 만들어주는 관계사

의문사와 관계사

관계사를 알아보기 전에 먼저 의문사를 살펴보죠. that처럼 관계사로는 쓰이지만 의문사는 아닌 단어도 있으나, who, what, why, when 같은 단어들은 똑같이 생겼는데, 의문사라고 할 때도 있고 관계사라고 할 때도 있습니다. 의문사는 의문의 초점이 되는 대상을 가리키는 말입니다.

Who are you? 넌 누구냐?

의문사는 의문대명사, 의문형용사, 의문부사로 나뉘는데 독립된 품사로 다루지는 않습니다.

의문대명사 : who 누구 what 무엇 which 어떤 것 whose 누구의 것

의문형용사 : what 무슨/어떤 which 무슨/어떤 whose 누구의

의문부사 : why 왜 when 언제 where 어디서 how 어떻게

그럼, 관계사란 무엇이고 언제 의문사가 관계사로 둔갑하는지 자세히 살펴보죠.

관계사의 역할

"이거 사탕이야. 엄마가 어제 사줬어." 엘리베이터에서 만난 서너 살쯤 되어 보이는 아이가 앙증맞은 모습으로 말을 건넸습니다. "그래? 맛있겠네" 하고 대답해주었습니다.

어떤 언어든 처음 배울 때는 단어 한둘로 시작해서 점차 그 수를 늘려갑니다. 그러다가 비로소 문장을 만들게 되는데 그것도 짧은 문장에서 긴 문장으로 점점 확장해갑니다. 엘리베이터에서 만난 아이가 했던 말을 영어로 옮겨보면 다음과 같습니다.

This is a candy. Mom bought me the candy yesterday.

처음에는 누구나 단순한 형태의 문장을 두셋 나열하면서 의사를 표현하게 됩니다. 간단한 얘기도 여러 문장으로 말하면 같은 단어를 여러 번 되풀이하게 되어 귀찮고 비효율적입니다. 관계사는 바로 그럴 때 중복되는 표현을 없애면서 그 부분을 매개로 문장과 문장을 연결해 깔끔하고 단정하게 만들어줍니다. 관계사를 잘 활용하면 효율적으로 언어를 구사할 수 있습니다. 위의 두 문장을 중복되는 단어인 candy를 매개로 연결하면 다음과 같습니다.

This is a candy that mom bought yesterday. 이건 엄마가 어제 사준 사탕이야.

관계사에 대한 지식은 무엇보다도 영어 독해에 필수적입니다. 아주 기초적인 수준을 넘어서면 어떤 글이든 관계사가 쓰이지 않은 문장을 찾는 게 어려울 정도입니다. 관계사를 제대로 이해하지 못하면 글의 문맥을 잘 몰라 헤매게 되죠.

문장을 해석하는 첫 단계는 주어와 동사를 찾는 것입니다. 해석하기 어려운 긴 문장이라도 주어와 동사를 파악했다면 이미 해결의 실마리를 찾은 것입니다. 그 문장의 뼈대를 이해했다고 할 수 있으니까요. 관계사가 있으면 문장 안에 주어+동사 구조가 이중으로 들어가게 되어, 문장 전체의 주어+동사가 한눈에 들어오지 않습니다. 그래서 관계사를 정확히 이해하는 것이 문장 구조 파악의 지름길입니다. 관계사에는 관계대명사와 관계부사가 있는데 먼저 관계대명사를 다룹니다.

다음 예문을 한번 볼까요?

The girl who recently comes back home and works at the new bakery on 7th Street is William's sister.

주어인 The girl 다음에 관계대명사 who가 있습니다. 계속 읽어내려 가면서 마음 속으로 동사가 나타나기를 기대해 봅니다. 동사를 찾는 동안에도 주어를 잊어버리면 안 됩니다. 주어를 기억하면서 문장 전체의 동사를 찾아내야 이 문장을 제대로 이해할 수 있습니다. 이 문장 전체의 동사는 바로 is입니다. is를 만나는 순간 반가운 마음이 든다면 문장 구조를 이해한 것입니다.

The girl (who recently comes back home and works at the new bakery on 7th Street) is William's sister. 최근에 집에 돌아와서 7번가에 있는 새 빵집에서 일하는 그 소녀는 윌리엄의 여동생이다.

대부분의 문장에서 주어는 앞에 있으니 찾기 어렵지 않습니다. 문제는 동사입니다. 각종 수식어구가 길게 붙으면 동사를 찾기 어려울 수 있습니다. 앞의 문장에서 is가 문장 전체의 동사임을 알려면 who recently comes back home and works at the new bakery on 7th Street가 관계대명사절임을 알아야 하죠. The girl을 꾸미는 수식절인 관계대명사절이 다 끝나고 나서야 비로소 동사가 나옵니다.

간단한 예문 하나를 더 살펴보죠.

This is an English grammar book. And it is very useful.

이것은 영어 문법책이야. 그리고 이것은 아주 유용하지.

짧은 두 문장을 관계대명사를 이용해 하나로 연결해봅시다.

This is an English grammar book which is very useful.

이것은 아주 유용한 영어 문법책이야.

이 예문에서 두 문장을 연결한 which를 관계대명사라고 하고, 두 문장에 있던 공통 부분(an English grammar book)을 선행사라고 합니다. 관계대명사는 꾸밈(수식)의 대상, 즉 선행사가 사람인지 사물이나 동물인지에 따라, 그 자격이 주격인지 소유격인지 목적격인지에 따라 달라집니다.

선행사(꾸밈의 대상)	주격	소유격	목적격
사람	who	whose	who(m)
사물, 동물	which	whose, of which	which
사람, 사물, 동물	that	-	that

주격 관계대명사와 목적격 관계대명사

Kelly raises dogs which are cute. 켈리는 귀여운 강아지들을 키워.

raise는 뜻이 여러 가지라 잘 구별해야 합니다. 올리다, 키우다/양육하다, 모금하다, (문제 등을) 제기하다 순으로 자주 쓰입니다.

The person who was on TV yesterday is my teacher.

어제 TV에 출연한 그 사람은 내 선생님이야.

A girl (who is) swimming in the river is my sister.

강에서 수영하고 있는 저 소녀는 내 여동생이야.

이 예문들에서 밑줄 친 부분을 보면 관계대명사 다음에 주어가 없는 불완전한 문장입니다. 주어는 어디 있을까요? 관계대명사 앞의 선행사가 바로 주어입니다. 주절과 관계대명사절의 주어가 같아서 하나를 생략한 것입니다. 이때 which, who를 주격 관계대명사라고 합니다.

이번에는 관계대명사 다음에 목적어가 빠진 불완전한 문장이 와서 선행사를 꾸미는 경우를 생각해 보죠. 관계대명사를 쓰는 이유가 반복을 피하고 효율성을 높이기 위한 것이므로 문장의 필수 성분이 없다면, 바로 그것이 반복된 단어이고, 그 단어는 선행사 형태로 관계대명사 앞에 있습니다.

The restaurant which I like does not open on Sundays.

내가 좋아하는 그 음식점은 일요일에 문을 열지 않아.

I met a boy who(m) Jenifer likes. 나는 제니퍼가 좋아하는 남자애를 만났어.

이 예문들도 관계대명사 다음에 목적어가 빠진 불완전한 문장입니다. 역시 문장 구성에서 빠진 부분은 선행사와 같은 단어입니다. 이 문장에서 which, who(m)를 목적격 관계대명사라고 합니다.

관계대명사에서 꼭 알아야 할 것 2가지

첫째, 주격 관계대명사+be동사나 목적격 관계대명사는 생략이 가능합니다. 앞에 나온 문장, A girl (who is) swimming in the river is my sister처럼 실제 문장에서는 생략할 때가 더 많습니다. 주격 관계대명사만 생략할 수는 없고, 주격관계대명사+be동사를 한꺼번에 생략할 수 있습니다.

The movie (which) I watched yesterday was really funny. (목적격 관계대명사)

내가 어제 보았던 그 영화는 정말로 웃겼어.

The man (who is) standing over there is my uncle. (주격 관계대명사+be동사)

저기 서 있는 남자는 내 삼촌이야.

둘째, 관계대명사 다음에 쓰는 동사는 앞에 있는 선행사가 단수인지 복수인지에 따라 바뀌므로(수의 일치) 주의 깊게 살펴봅시다.

Tom is talking with a girl who is from China. 톰은 중국에서 온 한 소녀와 대화 중이야.

Tom is talking with girls who are from China. 톰은 중국에서 온 소녀들과 대화 중이야.

소유격 관계대명사

소유격 관계대명사는 '~의, ~가 ~한'의 의미로 선행사를 꾸며줄 때 쓰

To be the best, you must be able to handle the worst.

Wilson Kanadi

최고가 되려면 최악의 상황을 감당할 수 있어야 한다.

는 관계대명사입니다. 소유격은 단독으로 쓰일 수 없고 his job처럼 꾸밈을 받는 명사와 결합해서 문장성분이 됩니다. 소유격 관계대명사도 마찬가지로 명사와 결합해서 씁니다.

Lucas is a helper whose job is to look after senior citizens.

루커스의 직업은 노인을 돌보는 요양사야.

소유격 관계대명사는 whose+명사 또는 of which+the+명사로 쓸 수 있습니다. 드물게 the+명사+of which 형태로도 쓸 수 있습니다.

I bought a table whose design(=of which the design, =the design of which) is unique. 나는 디자인이 독특한 테이블 하나를 샀어.

관계대명사 that

있는 듯 없는 듯 분위기에 잘 묻어가는 사람이 있는 반면, 마당발처럼 주위 사람들과 잘 어울리다가도 간혹 강한 개성을 표출하며 존재감을 드러내는 사람이 있습니다. 커피 한 잔을 마셔도 섬세한 취향을 고수하고, 음식점에서도 다른 사람들에게 맞추지 않고 꼼꼼하게 메뉴를 고릅니다. 영어 문법에서는 관계대명사 that이 그렇게 개성이 강한 녀석이죠. 주격·목적격 관계대명사 who나 which를 대신할 수 있어 팔방미인 같지만, 소유격 관계대명사에는 쓰지 못합니다. 거기다 고집스럽게 반드시 that만 써야 할 때도 있죠.

반드시 관계대명사로 that만 써야 하는 경우를 살펴봅시다.

선행사가 사람+동물(사물)일 때

Look at the small girl and her toy dog that are crossing the street.

길을 건너고 있는 여자애와 그 애의 장난감 강아지를 봐라!

선행사를 한정하는 표현이 있을 때

선행사를 한정하는 표현 : the only, the same, the very, the 서수(first, second…), the 최상급

Messi is the best soccer player that all fans acknowledge.

메시는 모든 팬이 인정하는 최고의 축구선수야.

This is the only chance that I want. 이것은 내가 원하는 유일한 기회야.

She is the first person that won the Olympic gold medal in her country.

그녀는 자기 나라에서 올림픽 메달을 딴 첫 번째 선수야.

선행사가 ~thing일 때

thing으로 끝나는 단어 : everything, something, anything

He enjoys doing something that everyone likes.

그는 모든 사람이 좋아하는 일을 하기를 좋아해.

Everything that he said was truly amazing. 그가 말했던 모든 것은 정말로 놀라웠어.

선행사에 양이나 범위를 나타내는 말이 올 때

전부나 일부, 많고 적음이나 있고 없음을 나타내는 단어 : all, every, much, some, any, little, none

All that glitters is not gold. 반짝인다고 모두 금은 아니다.

Ask me any question that you want to know.

당신이 알고 싶은 어떤 질문이라도 나에게 하시오.

There was little that attract people to the festival.

사람들을 축제에 끌어들이는 것이 거의 없었다.

선행사가 의문사, 또는 의문사와 동격일 때

Who is the boy that is shouting over there?

저기서 고함지르고 있는 저 남자애는 누구니?

Who that study economics would think his theory is good?

경제학을 공부한 사람들이라면 누가 그의 이론이 좋다고 생각하겠는가?

여기서 that 다음에 studies가 아니라 study가 나온 것은 who가 복수를 의미하기 때문입니다.

What is the box that is on the table? 탁자 위에 있는 그 상자는 뭐지?

의문사 who와 관계대명사 who는 어떻게 구별할까요? 의문사 who는 '누구'로 해석합니다. 반면 관계대명사 who는 그 자체는 해석할 수 없고 반드시 선행사가 있습니다.

관계대명사의 용법

관계대명사의 용법은 크게 한정적(제한적) 용법과 계속적 용법의 2가지로 나눌 수 있습니다. 단어의 뜻 그대로 이해하면 되니 별로 어렵지 않습니다.

한정적(제한적) 용법

선행사를 한정(제한)해서 꾸며주는 용법입니다. 지금까지 나온 모든 예문이 한정적(제한적) 용법에 해당합니다.

I need a person who trusts me. 나는 나를 신뢰해줄 누군가가 필요해.

I need a person who(m) I can trust. 나는 내가 신뢰할 수 있는 누군가가 필요해.

일단 중요한 정보를 앞에 씁니다. 내게 누군가가 필요하다는 게 중요합니다. 그런 다음 필요한 사람이 어떤 사람인지 한정해서 이어씁니다. 이렇게 중요한 정보를 앞에 두고 뒤에 이어서 설명하는 방식이 바로 한정적(제한적)용법입니다. 한정적 용법이 다음에서 설명할 계속적 용법보다 훨씬 더 자주 쓰입니다.

계속적 용법

계속적 용법은 말 그대로 관계대명사 앞에 쉼표를 넣어 리듬을 잠시 끊어준 다음, 뒤의 내용으로 자연스럽게 계속 이어나가는 방식입니다. 일단 하고 싶은 말을 한 뒤, 부가 설명을 덧붙일 때 계속적 용법을 씁니다. 한정적 용법은 선행사 뒤의 관계대명사절 전체가 앞의 선행사를 꾸미는 형태로 역순으로 해석하는 반면, 계속적 용법은 앞에서 뒤로 순차적으로 해석합니다.

I have a friend who lives in Chicago.

나는 시카고에 사는 친구가 한 명 있다. **(한정적 용법)**

I have a friend, who lives in Chicago.

나는 친구가 한 명 있는데 그는 시카고에 산다. **(계속적 용법)**

여기서 한 가지 중요한 점은 계속적 용법의 관계대명사를 쓸 때는 that을 쓰지 못한다는 것입니다.

I have a friend, that lives in Chicago. (X)

계속적 용법에서는 관계대명사를 문장을 이어주는 접속사처럼 해석하는 게 자연스럽죠. and(그리고), but(그러나), because(왜냐하면), though(~에도 불구하고) 등 여러 접속사 중 논리와 상식에 맞게 선택하면 됩니다.

She was looking for her son, who was not found anywhere.

그녀는 자기 아들을 찾는 중이었다. 하지만 어디에서도 찾지 못했다.

He bought two pairs of shoes, which were very expensive.

그는 두 켤레의 신발을 샀다. 비록 아주 비쌌음에도 불구하고.

관계대명사 what

선행사를 포함한 관계대명사

의문사 what은 '무엇'으로, 관계대명사 what은 '~하는 것', '~인 것'으로 해석합니다. 풀어서 쓰면 'the thing(s) that', 'all ~ that'이죠. 관계대명사 what이 어렵다고 느끼는 사람들이 있는데, 이미 선행사를 포함하고 있어 선행사가 따로 나오지 않는다는 점만 기억하면 어렵지 않을 거예요. 명사 형태이므로 문장 안에서 주어, 목적어, 보어 역할을 합니다. 문장에서 자주 등장하고 시험에도 심심찮게 출제됩니다.

What(=The thing that) I'm saying is really important. (주어)

내가 말하고 있는 것은 정말 중요해.

This is what(=the thing that) he said. (보어) 이것이 그가 말했던 거야.

I will always do what(=the thing that) I like. (목적어)

나는 항상 내가 좋아하는 것을 할 거야.

관계대명사 what의 관용적 표현

① what we(they, you) call=what is called : 소위, 이른바, 말하자면 (=so called, so to speak, namely)

② what is 비교급 : 더 ~한 것은, 더 ~하게도

Patrick is a good scholar and, what is better, a friendly teacher.

패트릭은 뛰어난 학자인데 그보다 더 좋은 것은 다정한 선생님이라는 것이다.

③ what is 최상급 : 가장 ~한 것은, 가장 ~하게도

What was worst, I missed the bus.

가장 최악이었던 건 내가 버스를 놓쳤다는 거야.

④ what 주어+동사를 이용하여 주어의 상태, 인격, 소유나 행동을 나타내는 아주 손쉬운 방법이 있습니다. 가령 '지금의 그는 과거의 그가 아니다'라는 표현을 하려고 할 때 지금(now), 과거(past) 같은 낱말들 하나하나를 우리말에서 영어로 바꿈으로써 문장 전체를 바꾸려고 하기 쉽지만, 관계대명사 what을 이용하면 훨씬 더 간단하게, 훨씬 더 원어민 감성에 잘 와닿게 바꿀 수 있습니다.

what 주어 is(was)	지금(과거)의 주어
what 주어 have(had)	주어가 가진(가졌던) 것
what 주어 do(did)	주어가 하는(했던) 것

Jason is not what he was. 제이슨은 예전의 그가 아니야.

Don't judge people by what they have.

그들이 가진 것으로 사람을 판단하지 마라.

I don't care what she does. 나는 그녀가 하는 것에(무엇을 하든) 관심 없어.

관계대명사와 전치사

관계대명사는 전치사와 아주 가까운 사이죠. 이 둘이 문장에서 어떻게 함께 쓰이는지 살펴봅시다.

This is a story. 이것은 이야기야.

I am interested in the story. 나는 그 이야기에 관심이 있어.

두 번째 문장에서 'the story'는 전치사의 목적어입니다. 동사나 전치사가 목적어를 필요로 하죠. 앞에서 공부한 대로 이 두 문장을 관계대명사를 이용해서 한 문장으로 만들어 보면 다음과 같습니다.

This is a story which I am interested in. 이것은 내가 관심 있는 이야기야.

전치사의 목적어가 선행사로 쓰였습니다. 관계대명사절은 목적어가 생략되고 전치사 in으로 끝난 불완전한 형태죠. 이렇듯, 관계대명사와 전치사는 친한 친구 사이처럼 자주 어울려 다닙니다. 너무 친하다 보니 문장의 맨 뒤에 있던 전치사 in이 관계대명사 앞에 올 수도 있습니다.

This is a story in which I am interested.

원래 목적격 관계대명사는 생략할 수 있지만, 목적격 관계대명사라고 하더라도 바로 앞에 전치사가 있으면 생략할 수 없습니다. 전치사로 문장이 끝나는 것도 불완전하지만, 전치사를 가운데 쓰고 난 다음에 which가 생략되고 바로 주어가 나오면 더 어색하죠. 감으로 찍어도 뭔가 틀린 느낌입니다.

This is a story (which) I am interested in.

This is a story in I am interested. (X)

또 한 가지 주의해야 할 점이 있어요. 관계대명사 that 앞에는 어떤 전치사도 쓸 수 없습니다.

전치사와 관계대명사의 쓰임을 예문으로 다시 한번 정리해보죠.

She is the person who(m) I want to talk to. 그녀는 내가 말하고 싶은 사람이야. (O)

She is the person I want to talk to. (O)

She is the person to who(m) I want to talk. (O)

She is the person that I want to talk to. (O)

She is the person to I want to talk. (X)

She is the person to that I want to talk. (X)

어린 나이에 영어권 국가에 장기체류 하면서 모국어의 습득 방식과 비슷하게 영어를 배운 이들이 가장 이해하기 힘들어하는 문법 파트는 무엇일까요? 그런 배경이 있는 학생들을 다수 가르친 경험에 의하면 그것은 바로 관계사입니다. 늘 읽고 말하고 쓸 수 있었던 표현에 이 문법이라는 규칙을 적용하고 보니 오히려 더 어렵게 느껴진다고 했습니다. 그만큼 관계사는 원어민의 고유한 사고방식에 깊게 뿌리 박혀 우리 식의 논리로 설명하기 힘든 표현 방법이라고 할 수 있을 것입니다.
관계사의 이런 성격을 고려할 때 국내파 영어 학습자에게 관계사는 첫째, 자연스러운 영어 표현을 익히기 위해 반드시 알아야 하고, 둘째, 규칙을 알고 나면 적용이 의외로 쉬우며 셋째, 사용 빈도가 아주 높아서 학습한 만큼 효능감을 느끼게 해줍니다.

관계부사

관계대명사를 이해했다면 관계대명사에서 비롯된 관계부사는 이해하기 어렵지 않습니다.

This is the place. 이것은 장소야.

He grew up in the place. 그는 그곳에서 자랐어.

앞에서 배운 대로 이 두 문장을 관계대명사를 이용해 한 문장으로 만들어 보면 다음과 같습니다.

This is the place which he grew up in. 이곳은 그가 자란 곳이야.

=This is the place in which he grew up.

이때 in which를 where이라는 하나의 단어로 바꾸어 쓸 수 있는데 이것을 관계부사라고 합니다.

This is the place where he grew up.

관계부사 다음에는 완전한 문장이 온다는 사실이 중요합니다. 관계대명사 다음에 불완전한 문장이 오고, 관계부사 다음에는 완전한 문장이 오는 이유는 관계대명사는 명사와 대명사라는 문장에서 필수 성분으로 쓰이는 요소(주어, 목적어, 보어)를 생략하고, 관계부사는 필수 성분이 아닌 부사를 생략하기 때문입니다.

관계부사는 선행사에 따라 4가지로 구분할 수 있습니다.

용법	선행사	관계부사	전치사+관계대명사
시간	the day, the time~	when	at(in, on) which
장소	the place, the site~	where	at(in, on) which
이유	the reason	why	for which
방법	the way	how	in which

I remember the day (when) we first met. 나는 우리가 처음 만났던 그 날을 기억해.

This is the company (where) I used to work. 여기는 내가 예전에 일했던 회사야.

관계부사 when이나 where는 생략하는 경우가 흔합니다.

the reason why에서는 선행사 the reason은 생략하는 경우가 대부분이고, 반대로 the reason을 쓸 경우 why를 생략하거나 that을 쓰는 것이 일반적입니다.

He doesn't know (the reason) why she is very angry.

= He doesn't know the reason that she is very angry. 그는 그녀가 왜 화났는지 몰라.

the way나 how는 둘 중 하나는 꼭 생략합니다. the way how로 쓰지 않도록 주의합시다. the way that은 가능합니다.

We like the way she talks in front of people.

= We like how she talks in front of people.

=We like the way that she talks in front of people.

우리는 그녀가 사람들 앞에서 말하는 방식을 좋아해.

관계부사가 들어간 긴 문장 해석

관계대명사나 관계부사가 들어가면 문장이 길어집니다. 관계부사가 들어간 문장을 쉽게 파악할 수 있는 요령 하나를 소개하자면, 관계부사 앞에서 문장을 끊어 따로 해석한 후 합치라는 것입니다. 문단 하나가 문장 하나인 경우도 있는데, 긴 문장을 끝까지 다 읽고 매끄럽게 해석하려면 앞의 내용을 까먹을 수도 있고, 연결이 잘 안 될 수도 있습니다. 관계부사가 들어간 문장뿐만 아니라 복잡한 문장은 여러 단어가 결합한 구(phrase) 단위, 주어+동사 구조로 된 절(clause) 단위로 끊어서 내용을 바로바로 이해하며 동시에 머릿속에서 각각의 의미를 결합하는 연습을 해야 빠른 독해가 가능합니다.

다음처럼 긴 문장을 이 방법으로 해석해볼까요? 어디서 끊어야 할까요?

He will not be able to forget the day when he was separated from his family due to the Korean War.

일단 관계부사 when 앞에서 끊어줍니다. "그는 그날을 잊을 수 없을 것이다." 그리고 관계부사는 원칙적으로 해석하지 않으므로 when은 막연히 그때라고 생각하고 절의 문장을 해석합니다. "그는 그의 가족과 헤어졌다." 그런 다음 마지막 부사구의 의미를 덧붙이면 됩니다. "한국전쟁 때문에."

He will not be able to forget the day / (when) / he was separated from his family / due to the Korean War.

그는 그날을 잊을 수 없을 것이다 / (그때) / 그는 가족과 헤어졌다 / 한국전쟁 때문에

끊어서 읽고 보니 두 문장이 when으로 연결되고 맨 뒤에 부사구 하나

가 자리잡고 있는 형태입니다.

한 문장만 더 연습해 볼까요?

I would like to live in such a gorgeous house where I can host big parties every weekend with my old friends.

관계부사 where 앞에서 끊어야겠죠? 그다음 where 뒤의 문장을 해석합니다. 부사구 때문에 너무 길면 부사구(with 이하)도 따로 떼어내 의미를 파악하면 됩니다.

I would like to live in such a gorgeous house / (where) / I can host big parties every weekend / with my old friends. 나는 그런 멋진 집에서 살고 싶다 / (그곳에서) / 나는 큰 파티를 열 수 있다 매주 주말 / 나의 오랜 친구들과 함께

이 과정을 꾸준히 반복하다 보면 더 길고 어려운 문장도 쉽게 뜻을 파악할 수 있습니다. 영어 문장을 쉽고 빠르게 이해하는 방법은 간단합니다. 먼저 주어와 동사를 찾을 것, 그다음 덩어리로 묶을 수 있는 것들(구, 절)을 묶고 그 단위별로 끊어서 의미를 직독직해하는(바로 읽고 바로 이해하는) 것입니다.

복합관계대명사

복합관계대명사는 관계대명사+ever 형태로, 선행사+관계대명사의 역할을 합니다. 복합관계대명사절은 명사절과 양보의 부사절, 2가지로 해석할 수 있습니다.

	명사절(주어, 목적어)	양보의 부사절
whoever	anyone who~ (~하는 사람은 누구나)	no matter who~ (누가 ~할지라도/하든)

who(m)ever	anyone whom~ (~하는 사람은 누구나)	no matter whom~ (누구를 ~한다 할지라도/하든)
whosever	anyone whose~ (~하는 것은 누구(어느 것)나)	no matter whose~ 누구의 ~가 ~한다 할지라도/하든)
whichever	anything that~ (~하는 것은 어느 것이나)	no matter which~ (어느 것을 ~한다 할지라도/하든)
whatever	anything that ~ (~하는 것은 어느 것이나)	no matter what ~ (무엇을 ~한다 할지라도/하든)

He welcomed whoever visited. (명사절) 그는 방문하는 사람이라면 누구나 환영했어.

I don't care whoever comes. (양보의 부사절) 나는 누가 오든 상관하지 않아.

You may give it to who(m)ever you like. (명사절)

네가 좋아하는 사람이라면 누구든 그것을 줘도 좋아.

Who(m)ever you love, I want to see him. (양보의 부사절)

네가 누구를 사랑하든 나는 그를 만나고 싶어.

Return any item to whosever name is on it. (명사절)

어떤 물건이든 거기에 이름이 적혀 있다면 누구든 돌려줘.

Whosever it was, it is now mine. (양보의 부사절) 그게 누구 거였든 지금은 내 거다.

Please take whichever you like. (명사절) 당신이 좋아하는 건 뭐든 가져요.

Whichever you choose, you will be satisfied. (양보의 부사절)

어느 쪽을 선택하든 너는 만족할 거야.

Do whatever you like! (명사절) 네가 좋아하는 것은 뭐든지 해!

Whatever he attempts, he is sure to succeed. (양보의 부사절)

그는 뭘 하든 분명 성공할 거야.

whichever나 whatever가 바로 다음에 오는 명사를 꾸미는 형용사 역할을 하기도 합니다. whatever는 많은 선택지 중에서 불특정한 선택을 할 때, whichever는 이미 정해진 범위에서 특정한 것을 선택할 때 사용합니다.

You may enjoy whatever food you like in Korea.

한국에서 네가 좋아하는 어떤 음식이든 즐길 수 있어.

Please choose whichever month is best for your holidays.

몇 월이 휴가를 쓰기에 가장 좋은지 선택하세요.

앞의 예문에서 음식은 범위를 특정할 수 없지만, 몇 월에 휴가를 갈지는 12개월이라는 정해진 범위 안에서 결정해야 하죠.

복합관계부사

복합관계부사는 관계부사+ever 형태로, 양보와 강조의 부사절 역할을 합니다.

	양보 부사절	강조 부사절
whenever	no matter when~ (may) (언제 ~하더라도)	at any time when~ (~할 때는 언제나)
wherever	no matter where~ (may) (어디서 ~하더라도)	at any place where~ (~하는 어디든지)
however	no matter how~ (may) (아무리 ~할지라도)	no matter how~ (may) (아무리 ~할지라도)

whenever와 wherever는 양보 부사절과 강조 부사절 어느 쪽으로 해석해도 의미상 큰 차이가 없는 경우가 많습니다. 가령 Whenever you visit me, you are always welcome이라는 문장을 '언제 나를 찾아오든 너는 항상 환영이다'로 해석할 수도 있고, '네가 방문할 때는 언제나 환영이다'로 해석할 수도 있습니다. 뉘앙스에 맞게 해석하면 됩니다.

Whenever I called her, she was on the phone.

내가 전화할 때마다 그녀는 항상 통화 중이었다. (강조)

Wherever you may be, I will pray for you.

네가 어디에 있더라도 나는 너를 위해 기도할 거야. (양보)

Go and sit wherever you like. 당신이 편한 자리 어디든 가서 앉으세요. (강조)

관계부사 however vs. 접속부사 however

복합관계부사 however는 '아무리 ~해도(할지라도)'로 해석하고, 접속부사 however는 '그러나'라는 뜻입니다. '그러나'의 뜻으로 더 흔한 단어는 접속사 but인데, however는 but보다는 뜻이 약하고 말할 때보다는 글에서 더 많이 쓰는 문어체적 표현입니다. 또한 but은 말머리에만 쓰지만, however는 문장 맨 앞, 가운데, 끝 어디든 쓸 수 있으며 그 앞뒤를 쉼표로 구분하는 특징이 있습니다.

However busy you are, you need to take a break.

네가 아무리 바빠도 휴식을 취할 필요가 있어. (복합관계부사)

Kevin was feeling so bad. He went to work, however, and tried to finish the project. 케빈은 몸이 아주 좋지 않았다. 그러나 출근해서 프로젝트를 끝내려고 노력했다. (접속부사)

Chapter 13

우리말과 달라도 너무 다른 수동태

해리가 샐리를 사랑한다.

샐리는 해리에게 사랑받는다.

수동태를 처음 소개할 때 이렇게 우리말로 된 문장을 먼저 예로 들고 수동의 개념을 설명했더니 한 학생이 의아해하며 되물었습니다. "그 말이나 그 말이나 같은 거 아닌가요? 왜 굳이 말을 어렵게 해요?" 좋은 질문입니다. 그 이유는 뒤에서 자세히 설명하도록 하죠. 일단 두 문장의 주어가 다르다는 사실만 눈여겨봅시다.

우리말에서는 수동태를 별로 쓰지 않아 대부분의 경우 주어가 스스로 작용하는 형태의 능동태로 표현하는 것이 자연스럽습니다. 그러나 영어는 수동태가 매우 발달해서 영문법 중에서도 우리나라 사람들이 특히 취약한 부분이 바로 수동태입니다.

수동태는 주어가 어떤 동작이나 행위의 대상이 되어 동작을 받는 관계를 나타내고 '~당하다, ~해지다, ~되다' 등으로 해석합니다. 수동태는 그 자체도 중요하지만, 분사나 사역동사 등 다른 문법 요소와 결합해서 활용되는 경우도 흔하므로 개념을 잘 익혀두어야 합니다.

능동태를 수동태로 바꾸기

Kenneth wrote this book. 케네스가 이 책을 썼다.

능동태는 다음의 3단계 순서대로 수동태로 바꿉니다.

1단계 능동태의 목적어(this book)를 수동태의 주어로 씁니다.

2단계 능동태의 동사를 be동사+p.p 형태로 바꿉니다. 이때 be동사는 주어의 시제와 수, 인칭에 맞게 am/are/is/was/were/will be 중에서 적절한 것을 고릅니다.

3단계 능동태의 주어는 행위자를 나타내는 by+목적격의 형태로 바꾸어 맨 마지막에 쓰고 '~에 의해서'로 해석합니다.

이렇게 3단계를 걸친 능동태는 다음과 같이 탈바꿈합니다.

Kenneth wrote this book.

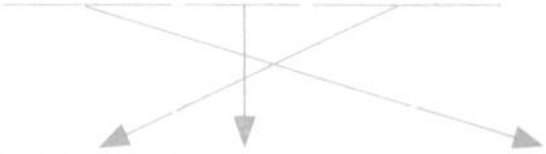

This book was written by Kenneth.

자동사는 수동태 문장에 쓸 수 없다

주어+동사+목적어로 이루어진 3형식 문장에서 목적어가 주어가 되면 수동태 문장이 됩니다. 반대로 말하자면, 목적어가 필요하지 않은 자동사는 수동태로 쓸 수 없습니다.

happen/occur 발생하다 appear 나타나다 disappear 사라지다 exist 존재하다

이 동사들은 우리말에서는 주어가 스스로 하기보다는 행위의 대상이 되는 것으로 해석되어 수동태 표현이 가능할 것 같지만, 영어에서는 수동태로 쓸 수 없는 자동사들이니 유의해야 합니다.

The accident was happened. 그 사고가 발생되었다. (X)

The accident happened. 그 사고가 발생했다. (O)

He was disappeared. 그는 사라지게 되었다. (X)

He disappeared. 그는 사라졌다. (O)

수동태 문장 해석

일단 문장의 동사가 be동사+p.p 형태라면 수동태 문장입니다. 알아보기는 어렵지 않지만, 우리말로 해석하면 어색할 때가 많죠. 자주 나오는 be told를 '~라고 말해졌다'로 해석하는 건 많이 어색합니다. 이 표현은 '~라고 들었다'로 해석하는 편이 자연스럽습니다. 그렇더라도 가급적

수동태는 수동으로 해석해보는 것이 학습에 도움이 됩니다. 우리말로 번역할 때는 능동태로 번역하는 것이 자연스럽지만, 영어 공부를 할 때는 원래 형태대로 기억하는 것이 유리하니까요.

The customers were told to wait in line. 고객들은 줄 서서 기다리라는 말을 들었다.

I was told that you didn't want it. 나는 네가 그것을 원하지 않는다고 들었어.

이제 맨 앞에서 똑같은 말을 왜 굳이 수동태로 어렵게 쓰냐며 의문을 제기했던 한 학생의 질문에 답을 해볼까요? "한국말은 끝까지 들어봐야 알 수 있다"라는 말을 들어본 적이 있을 거예요. 우리말은 중요한 정보가 뒤에 올 때가 많아요. 하지만 영어는 말하고자 하는 핵심 정보를 앞(주어)에 두는 경향이 강합니다. 영어권 사람들의 사고방식을 생각하면 이해하기 어렵지 않습니다. 하고 싶은 말을 돌려서 하기보다 단도직입적으로 하는 거죠. 능동태의 목적어를 강조하고 싶어서 주어로 바꿔 앞에 쓰고 수동태로 표현하는 것입니다.

그래서 수동태 문장에서 누가 했는지를 나타내는 by+행위자는 상대적으로 덜 중요하므로 쓰지 않는 경우도 흔합니다. 이때 행위자는 능동태 문장에서는 생략하면 안 되는 주어였죠. 수동태에서 행위자를 생략하는 경우는 다음과 같이 크게 3가지로 나눌 수 있습니다. 이유가 있으니까 생략한 거죠.

① 능동태의 주어가 분명하지 않을 때

His car was stolen yesterday (by someone). 그의 차가 어제 도난당했다.

② 능동태의 주어를 쓸 필요가 없을 때

All the offices in this building are cleaned (by office cleaners) every early morning. 이 건물의 모든 사무실이 매일 아침 일찍 청소된다.

③ 능동태의 주어가 불특정 다수일 때

Hot peppers are used (by people) so often for some Asian cooking.

고추는 몇몇 아시아 요리에서 아주 자주 사용된다.

수동태로 쓸 수 없는 타동사

타동사라도 '소유하다, 원하다, 함유(포함)하다, 닮다'의 뜻이거나 주어의 의지가 드러나지 않는 아래 동사들은 수동태로 쓸 수 없습니다. 이런 경우 목적어가 구체적인 행위의 대상이 되는 것이 아니므로 목적어를 주어로 바꿔 '~해지다, ~당하다'로 바꾼다면 무척 어색하겠죠?

have	가지다	possess	소유하다	own	소유하다
want	원하다	resemble	닮다	suit	어울리다
contain	함유하다	cost	비용이 들다	fit	꼭 맞다
lack	부족하다	become	어울리다	escape	탈출하다

He has a lot of books. 그는 많은 책을 가지고 있어.

A lot of books is had by him. (X)

This shirt fits me very well. 이 셔츠는 내게 꼭 맞아.

I am fitted by this shirt very well. (X)

They lack confidence. 그들은 자신감이 부족해.

Confidence is lacked by them. (X)

She resembles her mother. 그녀는 어머니를 닮았어.

Her mother is resembled by her. (X)

This color really becomes you. 이 색깔이 네게 정말 잘 어울려.

You are really become by this color (X)

수동태의 시제

앞에서 언급한 것처럼 수동태의 시제는 be동사+p.p에서 be동사를 시제에 맞게 바꿔주기만 하면 됩니다. 특히, 미래는 will be p.p, 진행은 be being p.p, 현재완료는 have been p.p로 쓴다는 점을 눈여겨봐 두세요.

The internet is used worldwide now. (현재) 이제 인터넷은 세계적으로 사용된다.

These photos were taken by Thomas 10 years ago. (과거)

이 사진들은 10년 전에 토머스에 의해 찍혔다.

Her new paintings will be exhibited soon. (미래)

그녀의 새 그림들이 곧 전시될 것이다.

The buildings were being remodeled by Frank. (과거진행)

그 건물들은 프랭크에 의해 개조되는 중이었다.

The bridge has been built since last year. (현재완료)

그 다리는 작년 이래로 건설되어 왔다.

조동사+수동태

수동태는 여러 조동사와도 잘 어울립니다. 조동사 다음에는 동사원형이 오므로 be동사의 원형인 be를 써서 '조동사 be p.p' 형태가 됩니다.

This heavy table can be carried by her.

이 무거운 테이블이 그녀에 의해서 옮겨질 수 있어.

His apology might not be accepted by Sophia.

그의 사과는 소피아에 의해 받아들여지지 않을지도 몰라.

It must be proven by two young witnesses.

그것은 두 명의 어린 목격자에 의해 입증됨에 틀림없다.

The book will be sent to you soon by express mail.

그 책은 빠른 우편으로 당신에게 곧 보내질 것입니다.

Everyone should be given the equality of opportunity.

모든 사람에게 기회의 평등이 주어져야 한다.

수동태의 부정문

수동태의 부정문이나 의문문은 일반적인 규칙을 따를 뿐 수동태라고 해서 다르지는 않습니다. 다만 동사 부분에 여러 단어가 나와 복잡하므로 예문을 많이 보면서 익숙해지는 것이 좋습니다.

The bear was not shot by Richard. 곰이 리처드에 의해 총에 맞은 것은 아니었어.

The poor man is not being helped by anyone.

그 가난한 사람은 누구의 도움도 받지 못하고 있어.

The festival will not be held next year. 내년에는 축제가 열리지 않을 거야.

His opinion has never been ignored. 그의 의견은 결코 무시된 적이 없어.

The memory of you cannot be removed. 네 기억이 지워질 리 없어.

수동태의 의문문

Are your bags packed? 너의 가방들이 꾸려졌니?

Is he being trained by Roy? 그는 로이에 의해 훈련되고 있니?

Have you ever been hit by a car? 너는 차에 치여본 적 있니?

Can it be repaired? 그것이 고쳐질 수 있을까?

by 이외의 전치사를 쓰는 수동태

수동태에서는 행위자를 표현할 때 'by+행위자'를 쓰는 것이 일반적이고 행위자를 생략하는 경우도 흔합니다. 그런데 by가 아닌 다른 전치사를 써서 be+p.p+전치사의 수동태 형태로 흔히 쓰이는 관용어구들이 있습니다.

be interested in	~에 관심이 있다	be filled with	~로 가득 차 있다
be covered with	~로 덮여 있다	be tired of	~에 싫증나다

be addicted to	~에 중독되다	be accustomed to	~에 익숙하다
be based on	~에 기초하다	be composed of	~으로 구성되다
be concerned about	~을 걱정하다	be devoted to	~에 전념하다
be concerned with/in	~와 관련되다	be derived from	~로부터 유래하다
be exposed to	~에 노출되다	be absorbed in	~에 열중하다
be located on/in/at	~에 위치하다	be bored with	~에 싫증나다
be known for+원인	~로 유명하다	be engaged in	~에 종사하다
be known to+대상	~에게 알려져 있다	be exposed to	~에 노출되다
be known as+자격	~로 알려져 있다	be opposed to	~에 반대하다
be made from	~로 만들어지다 (화학적 변화)	be made of	~로 만들어지다 (물리적 변화)

익숙해져서 잘 못 느낄 수도 있지만, 수동태여도 능동태처럼 해석되는 표현들이 많습니다. 우리말에서는 수동태를 별로 쓰지 않아, 수동태도 능동태로 해석하는 것이 더 자연스럽습니다. 특히 동사의 원래 뜻이 '~하게 하다, ~시키다'인 경우, 우리말의 어감으로는 수동태가 오히려 능동태처럼 느껴집니다. 가령 fill(채우다)이나 disappoint(실망시키다) 같은 동사는 수동태로 만들면 '(가득) 차다, 실망하다'같이 능동태로 해석됩니다.

그중에서도 감정을 나타내는 표현 중 수동 형태로 쓰는 것들이 우리나라 사람들에게 잘 와닿지 않는 부분입니다. 학생들에게 surprise의 뜻을 물어보면 '놀라다'라는 답이 의외로 많은데 surprise의 정확한 뜻은 '놀라게 하다'입니다. satisfy는 '만족하다'가 아니고, '~를 만족시키다'입니다. 어떤 감정을 불러일으키는 원인이 주체이고, 그것을 느끼는 사람은 수동적인 입장이라는 서구인들의 분석적 사고방식이 반영된 것이 아닌가 합니다.

Perhaps he will surprise the people of his nation.

아마 그는 국민들을 놀라게 할 것이다.

Nothing would satisfy his greed for power.

어떤 것도 그의 권력욕을 만족시키지 못할 것이다.

이 단어들이 감정을 느끼는 사람 입장에서 '놀라다', '만족하다'의 뜻이 되려면 수동태로 써야 합니다. 영어에서도 감정을 표현할 때 사람을 주어로 쓰는 경향이 강합니다. 그래서 다음과 같은 감정 표현에서 수동태를 흔히 씁니다.

be surprised at ~에 놀라다 be amazed at ~에 놀라다 be satisfied with ~에 만족하다 be pleased with ~에 기뻐하다 be disappointed at(in, with) ~에 실망하다

예문을 통해 by가 아닌 다른 전치사를 쓰는 수동태를 살펴보겠습니다.

He is interested in old movies. 그는 오래된 영화에 관심이 있어.

She is filled with confidence. 그녀는 자신감으로 가득 차 있어.

All cities are covered with a lot of snow. 모든 도시가 어마어마한 눈에 덮여 있다.

A great number of teenagers are addicted to the internet.

많은 10대들이 인터넷에 중독되었다.

Her wide knowledge is based on many books.

그녀의 넓은 지식은 많은 책에 기초한다.

We are devoted to a team project. 우리는 팀 프로젝트에 전념해.

Sarah was concerned about her baby. 세라는 그녀의 아기를 걱정했어.

Many English words were derived from Latin.

많은 영어 단어가 라틴어로부터 유래했지.

Kimchi has been known to people in the world.

김치가 전 세계 사람들에게 알려져 왔다.

Children should not be exposed to any danger.

아이들은 어떤 위험에도 노출되어서는 안 된다.

Cheese is made from milk. 치즈는 우유로 만들어진다.

동사구의 수동태

여러 단어가 결합한 동사구를 수동태로 만들 때는 하나의 동사로 보고 따로 분리시키거나 전치사를 빠뜨리지 않아야 합니다. 동사구의 전치사 다음에 바로 전치사 by가 나오면, 전치사 2개가 연이어 나오는 것이 이상해 보일 수도 있지만, 자주 쓰는 동사구에 익숙해지면 그런 느낌은 사라질 것입니다. 영어 듣기나 회화를 할 때는 원래 동사구에 있던 전치사와 행위자를 나타내는 전치사 by 사이에 잠깐 쉬었다가 읽습니다.

bring up	~를 기르다	laugh at	~를 비웃다
look down on	~를 얕보다	look up to	~를 존경하다
turn on	~를 켜다	turn off	~를 끄다
deal with	~를 다루다	put off	~를 연기하다
listen to	~에 귀를 기울여 듣다	look at	~를 보다
look into	~를 조사하다	make fun of	~를 놀리다
depend on rely on	~를 의지하다	look after take care of	~를 돌보다

People look up to King Sejong. 사람들은 세종대왕을 존경한다.

→King Sejong is looked up to / by people. 세종대왕은 사람들에게 존경받는다.

We will deal with many economic issues. 우리는 많은 경제적 이슈를 다룰 것이다.

→Many economic issues will be dealt with / by us.

많은 경제적 이슈가 우리에 의해 다루어질 것이다.

Someone's opinion of you does not have to become your reality.

Les Brown

당신에 대한 누군가의 의견이 당신의 실제 모습이 될 필요는 없다.

4형식의 수동태

수동태를 만드는 첫 번째 단계는 능동태 문장의 목적어를 주어로 옮기는 것입니다. 하지만 4형식(주어+동사+간접 목적어+직접 목적어)은 목적어가 2개입니다. 이럴 때는 어떻게 해야 할까요?

목적어가 2개이니 수동태를 만드는 방법도 2가지입니다. 먼저 '~에게'로 해석하는 간접 목적어를 수동태 문장의 주어로 쓸 때는 직접 목적어는 원래대로 두면 됩니다.

He gave me a movie ticket. 그는 내게 영화표를 한 장 주었다.

→I was given a movie ticket by him. 나는 그에 의해 영화표 한 장이 주어졌다.

직접 목적어를 주어로 수동태를 만들 때는 간접 목적어가 전치사를 달고 동사 뒤에 와서 부사구가 됩니다.

He gave me a movie ticket.

→A movie ticket was given to me by him.

영화표 한 장이 그에 의해 나에게 주어졌다.

직접 목적어인 'a movie ticket'을 주어로 수동태 문장을 만들면 원래 간접 목적어였던 me가 전치사 to와 함께 동사 뒤에 자리잡고 부사구가 됩니다. 없던 전치사를 생각해 내야 하니 이 방법은 좀 어렵죠. 이때 쓰는 전치사는 동사에 따라 3가지가 있습니다.

give, bring, send, tell, teach, write, show, lend	to
make, find, buy, get, cook, build	for
ask, require, inquire	of

She teaches us English. 그녀는 우리에게 영어를 가르친다.

→We are taught English by her. 우리는 그녀에 의해 영어가 가르쳐진다.

→English is taught to us by her. 영어가 그녀에 의해 우리에게 가르쳐진다.

He asked me a question. 그는 내게 질문을 했다.

→I was asked a question by him. 나는 그에 의해 질문을 받았다.

→A question was asked of me by him. 질문이 그에 의해 내게 주어졌다.

조금만 더 깊이 들어가 볼까요? 4형식 문장에서는 직접 목적어와 간접 목적어 모두 수동태의 주어로 쓸 수 있지만, 직접 목적어만 수동태로 바꿀 수 있는 동사와 간접 목적어만 수동태로 바꿀 수 있는 동사도 있습니다.

직접 목적어만 수동태의 주어로 쓰는 동사

buy 사다 make 만들다 read 읽다 get 받다 sell 팔다 sing 노래하다

이 동사들은 직접적인 행위의 대상이 사물이라 사람을 주어로 수동태로 쓰면 매우 어색합니다.

I bought her a ring. 나는 그녀에게 반지 하나를 사주었어.

→A ring was bought for her by me. 반지 하나가 나에 의해 그녀에게 사 주어졌어.

→She was bought a ring by me. (X)

He made me a spaghetti. 그는 내게 스파게티를 만들어주었어.

→A spaghetti was made for me by him 스파게티가 그에 의해 내게 만들어 주어졌어.

→I was made a spaghetti by him. (X)

간접 목적어만 수동태의 주어로 쓰는 동사

envy 부러워하다 save 구하다, 모으다 kiss 입을 맞추다 deny 부정하다

answer 답하다 call 부르다

직접 목적어를 주어로 쓰지 않는 동사는 행위나 작용의 직접적 대상이 사람이라는 것을 알 수 있습니다. 그래서 사람인 간접 목적어만 수동태

의 주어가 됩니다.

My mom kissed me good-night. 내 엄마는 내게 굿나잇 키스를 했다.

→I was kissed good-night by my mom. 나는 내 엄마에 의해 굿나잇 키스를 당했다.

→Good-night was kissed to me by her. (X)

Computers save us time and energy. 컴퓨터가 우리에게 시간과 에너지를 아껴준다.

→We are saved time and energy by computer.

우리는 컴퓨터에 의해 시간과 에너지가 절약된다.

→Time and energy are saved for you by computers. (X)

예문에서 '굿나잇이 키스를 당했다'는 어색하지만 '시간과 에너지가 절약된다'는 해석이 자연스러운데도 왜 시간과 에너지는 수동태의 주어가 될 수 없을까요? 시간과 에너지는 객관적으로 존재하는 사물이 아니라 특정인의 한정된 시간과 에너지라는 점에서 결국 사람이 동사의 대상이 된다고 이해할 수 있습니다. 역시 분석적인 서구인의 사고방식이 반영된 것이죠.

5형식의 수동태

'주어+동사+목적어+목적격보어'의 5형식 문장도 목적어가 있으므로 수동태로 바꿀 수 있습니다. 목적어가 주어가 되고 be+p.p를 쓴 다음 목적격보어는 그대로 뒤에 둡니다.

The couple named their baby Edward. 그들은 아기 이름을 에드워드라고 지었어.

→Their baby was named Edward by them. 그 아기의 이름은 에드워드라고 지어졌어.

Your smile makes me happy. 너의 미소는 날 행복하게 만들어.

→I am made happy by your smile. 나는 네 미소에 의해 행복해져.

사역동사, 지각동사의 수동태

사역동사 make는 be made to 형태를 유지하지만, have나 let은 다른 동사로 대체해서 수동태를 만듭니다. have는 be asked to로, let은 be allowed to로 바꿔서 쓰죠.

She made me clean my room. 그녀는 내가 내 방을 청소하도록 했어.

→I was made to clean my room by her.

나는 그녀에 의해 내 방을 청소하도록 시켜졌어.

He had me wait in the basement. 그는 내가 지하실에서 기다리도록 했어.

→I was asked to wait in the basement. 나는 지하실에서 기다리도록 요청되었어.

She will let Wilson run away. 그녀는 윌슨이 도망가도록 할 거야.

→Wilson will be allowed to run away by her.

윌슨은 그녀에 의해 도망가도록 허락될 거야.

지각동사가 쓰인 문장도 목적어가 있으므로 수동태로 바꿀 수 있습니다.

I saw you dance. 난 네가 춤추는 것을 보았어.

→You were seen to dance(=dancing) (by me).

너는 (나에 의해) 춤추는 것이 보여졌어.

기존에는 지각동사가 쓰인 수동태 문장에선 목적보어로 to부정사(to dance)를 쓰는 게 일반적이었지만, 현대 영어에서는 to부정사보다 현재분사(dancing)를 쓰는 게 더 자연스럽습니다. 원어민은 현재분사를 선호하는 경향이 강하죠. 아직도 상당수의 문법책에서는 지각동사가 쓰인 수동태의 목적보어로 to부정사만 제시합니다. 결론적으로 둘 다 맞습니다. 이렇듯 언어는 시간의 흐름에 따라 조금씩 변화합니다.

능동태 문장에서 진행형이면 수동태에서도 그대로 진행형을 쓰면 됩니다.

I saw a boy running after a dog. 나는 개를 뒤쫓고 있는 한 소년을 보았어.

→A boy was seen running after a dog (by me).

한 소년이 개를 뒤쫓고 있는 것이 보여졌어.

여기서 설명한 5형식 문장, 사역동사나 지각동사의 수동태를 읽고 고개를 끄덕이며 이해했다면 여러분은 이미 더 이상 영문법 초보자가 아닙니다. 자신감을 가져도 좋습니다. 여기까지 와보니 영문법도 별 것 아니죠?

능동형 수동태

능동형 수동태란, 동사 형태는 능동이지만 수동의 의미를 지닌 경우를 말합니다. sell, bake, cut, open, read, cook, dye 같은 단어들은 '~하다'라는 능동의 뜻은 물론 '~되다, ~지다'는 수동의 뜻도 동시에 지니고 있습니다.

sell	팔다, 팔리다	bake	굽다, 구워지다	cut	베다, 베이다
open	열다, 열리다	read	읽다, 읽히다	cook	요리하다, 요리되다
dye	염색하다, 염색되다	consist of	구성되다	come true	실현되다

This novel sells well because it reads easily.

이 소설은 잘 팔린다. 쉽게 읽히기 때문이다.

Specific dreams come true. 구체적인 꿈은 이뤄진다.

The door opened of itself. 문이 저절로 열렸다.

This meat cooks very well in a short time.

이 고기는 짧은 시간 안에 아주 잘 요리된다.

The test consists of three parts. 시험은 세 부분으로 구성된다.

수동태는 영어의 특성을 잘 보여주는 대표적인 표현법입니다. 수동태에 익숙해지지 않으면 반쪽짜리 영어가 될 수밖에 없고 영어와 아무리 친해지려고 해도 친해질 수가 없어요. 수동태가 없는 글을 찾기 힘들 만큼 수동태는 영어문장에서 매우 흔하게 쓰이는 표현입니다. 우리말의 어감으로는 어색할 때도 많지만, 미묘하고 섬세한 뉘앙스를 잘 전달하는 맛깔스러움이 있습니다. 수동태로 된 멋진 문장 하나를 소개하면서 수동태 설명을 마치겠습니다. 빈센트 반 고흐가 남긴 말입니다.

Great things are done by a series of small thing brought together.

위대한 일들은 일련의 작은 일들이 한데 모여 이루어진다.

Chapter 14

논리적 흐름을 나타내는 접속사

길게 얘기할 때 유용한 표현

"한 문장 안에 동사는 단 하나뿐이다."

오래 전 고등학교 영어 수업시간에 선생님이 하신 말씀이 기억납니다. 영어는 '동사 찾기 놀이'라고 하셨죠. 그런데 이상했어요. 한 문장에 동사가 여러 개 나올 때가 많은데 동사가 하나라고요?

얼핏 보면 틀린 말 같지만 그렇지 않습니다. 맞는 말입니다. 단, 조건이 필요합니다. '쉼표로 연결해 나열하거나 접속사로 연결하지 않는 한' 동사는 하나라는 것입니다. 접속사는 한 문장에서 동사와 동사를 연결하거나 문장과 문장을 연결하는 역할을 합니다. 그래서 접속사로 연결하면 한 문장 안에 동사가 여러 개가 올 수 있습니다. 물론 여기서 말하는 동사는 문장 전체의 동사, 즉 주절의 동사를 뜻합니다. 부사절, 관계사절 같은 종속절에도 동사가 있지만, 종속절은 독립된 문장이 아니라 전체가 문장의 한 요소가 되니까요.

모든 문장이 짧으면 영어가 참 쉬울 텐데, 문장이 길어지는 이유는 크게 두 가지입니다.

첫째, 수식어가 길게 이어지는 경우입니다.

문장의 수식어는 크게 부사(부사구, 부사절 포함)와 관계사로 나누어 볼 수 있는데 수식어는 필수 성분이 아닙니다. 이런 경우 수식어가 꾸미는 말(필수 성분)이 무엇인지 파악한 후, 수식어를 일단 제외하고 필수 성분만으로 문장 구조를 파악하면 쉽습니다. 화려한 장식 뒤에 숨어 있는 뼈대를 보자는 것입니다.

둘째, 접속사를 포함한 경우입니다.

접속사는 문장 안에서 단어와 단어, 구와 구, 절과 절을 논리적 흐름에 맞게 매끄럽게 연결해주는 유용한 도구입니다. 접속사는 크게 등위접속사, 종속접속사, 상관접속사로 나뉘는데 각 접속사가 어떻게 쓰이는지 하나씩 살펴보죠.

등위접속사

등위접속사는 단어나 구, 절을 대등하게 연결해주는 접속사입니다.

I like to play soccer and Messi. 나는 축구하는 것과 메시를 좋아한다.

얼핏 보면 맞는 말 같지만 영어에서는 어색한 문장입니다. and가 to play soccer(to부정사)와 Messi(명사)라는 대등하지 않은 문법적 형태로 연결되었기 때문입니다. and, but, or, nor, so, for, yet 같은 등위접속사는 좌우를 대등한 형태로 연결해줍니다. 이것을 병렬구조라 부릅니다.

추가나 선택을 나타내는 등위접속사의 용법

① 반복되는 부분을 되도록 생략해서 단어, 구, 절을 연결

반복되면 싫은 것은 잔소리만이 아니죠. 대체로 어떤 언어에서나 강조를 위해 일부러 반복하는 경우를 제외하면 동일한 형태의 반복을 싫어합니다.

I went shopping and (I) bought jeans. 나는 쇼핑을 가서 청바지를 샀어.

Henry is cheerful and (he is) energetic. 헨리는 명랑하고 에너지가 넘쳐.

You can choose this or (you can choose) that.

너는 이것 또는 저것을 선택할 수 있어.

② 명령문+and(or) : ~해라. 그러면(그렇지 않으면) ~할(일) 것이다

영어의 명령문은 동사원형으로 문장이 시작되는 형태입니다. 명령문에 이어 and나 or가 나오면 그 명령에 따랐을 때와 그렇지 않았을

때 어떻게 되는지 나타내는 유용한 표현입니다. 외국어를 배우는 사람으로서는 직접 이런 말을 할 기회는 별로 없어도 독해와 청취에서 무수히 보고 듣는 흔한 표현이죠.

Think positively, and you will get what you want.

긍정적으로 생각해. 그러면 네가 원하는 것을 얻을 거야.

Hurry up, or you will be late. 서둘러. 그렇지 않으면 너는 지각할 거야.

명령문은 주로 일반동사를 사용하지만, 형용사의 성격에 따라 be + 형용사 형태로 만들 수도 있어요.

Be careful not to wake the baby. 아기를 깨우지 않도록 조심해.

Please be punctual on your delivery date. 배송일을 지켜주시기 바랍니다.

③ to부정사의 to를 대신하는 and

go, come, see, try, send 다음에 오는 and는 to를 대신한 것입니다.

Come and see me tomorrow.

=Come to see me tomorrow. 내일 날 만나러 와.

④ 동격의 의미

'배려'라는 말이 떠오르는 표현법입니다. 최신 유행어나 생소한 표현을 접할 때가 가끔 있습니다. 이때 상대방이 혹시 뜻을 모를까 봐 풀어서 한 번 더 설명해주는 배려심 가득한 고마운 표현법입니다. 한 문장 안에 어려운 용어나 흔히 사용하지 않는 단어를 설명해야 할 때는 쉼표 다음에 or를 쓰고 뒤에 설명을 덧붙입니다.

His major is Econometrics, or the study of statistical techniques to describe the relationships between economic variables. 그의 전공은 계량경제학, 즉 경제 변수들 사이의 관계를 기술하기 위한 통계 기법의 연구다.

이유를 나타내는 등위접속사

so 그래서 for 왜냐하면

She is very kind, so everyone likes her.

그녀는 아주 친절해. 그래서 모든 사람이 그녀를 좋아하지.

He doesn't want to purchase a car, for he has no driving license.

그는 자동차를 사기를 원하지 않아. 왜냐하면 그는 운전면허증이 없기 때문이야.

for는 대개 명사, 대명사, 동명사 앞에 나오는 전치사로 사용하지만, 가끔 주어+동사 앞에 나오는 접속사로도 씁니다. 이때 for는 '왜냐하면'의 뜻인데 직접적인 이유를 나타낼 때 쓰는 because와 달리 부가적인 이유나 새롭게 알게 된 정보를 설명할 때 쓰고, 문장 첫머리에는 쓰지 않으며 for 앞에 꼭 쉼표를 씁니다.

대조를 나타내는 등위접속사

but 그러나 while ~인 반면에

This knife looks dull but cuts very well. 이 칼은 무뎌 보이지만 잘 썰린다.

I went there not by train but by bus. 나는 그곳까지 기차가 아니라 버스로 갔어.

not A but B는 'A가 아니라 B'라는 의미로 흔히 쓰는 표현입니다.

While Clara is young, she is very brave. 클라라는 어린 반면에 아주 용감하다.

While Nelson lived in New York, he met her.

넬슨은 뉴욕에 살았던 동안 그녀를 만났다.

while은 '~반면에'라는 뜻으로 해석되는 경우, 대조의 등위접속사로 보기도 하고 양보의 종속접속사로 보기도 합니다. '~하는 동안에'라는 뜻일 때는, 시간을 나타내는 종속접속사입니다.

Keep your face always toward the sunshine – and shadows will fall behind you.

Walt Whitman

항상 햇빛을 향해 얼굴을 내밀어라. 그러면 그림자는 등 뒤로 물러날 것이다.

종속접속사

종속접속사는 절(주어+동사)과 절을 주절과 종속절의 관계로 연결해줍니다.

I think that Grace is attractive. (주절+종속접속사+종속절)

난 그레이스가 매력적이라고 생각해.

명사절을 이끄는 종속접속사

확실한 사실이나 생각, 의견을 말할 때는 that을 쓰고, 불확실한 상황에서는 if(=whether)를 씁니다. 접속사가 이끄는 명사절은 명사의 성격 그대로 주어, 목적어, 보어로 쓰이거나 동격의 절로 사용됩니다.

① that ~라는 것

That he won the lottery is true. (주어)

= It is true that he won the lottery. 그가 복권에 당첨됐다는 것은 사실이야.

that을 주어로 쓰는 문장이 틀린 건 아니지만 앞에서 학습한 것처럼 주어를 짧게 만드는 관행대로 that 대신 가주어 it을 사용한 형태를 훨씬 더 많이 씁니다.

People think (that) this book is easy to understand. (목적어)

사람들은 이 책이 이해하기 쉽다고 생각해.

that이 이끄는 명사절이 목적어인 경우 흔히 생략합니다. 보어나 동격인 경우는 that을 생략하지 않습니다.

His opinion is that we should fight with them. (보어)

그의 의견은 우리가 그들과 싸워야 한다는 거야.

Russell recognizes the fact that he told a lie. (= the fact, 동격)

러셀은 자신이 거짓말을 했다는 사실을 인정해.

② if(=whether) ~인지 아닌지

I'm not sure if(=whether) he will come (or not).

나는 그가 올지 안 올지 확신하지 못해.

She doubts whether(or not) his dream will come true.

그녀는 그의 꿈이 실현될지 아닐지 의심하지.

I wonder if or not he can help her. (X)

그가 그녀를 도울 수 있을지 없을지 궁금해.

whether or not은 가능하지만 if or not은 쓰지 않습니다.

if나 whether 둘 다 or not이 문장의 끝에 오는 것은 가능합니다.

시간을 나타내는 종속접속사

before	~하기 전에	until(till)	~할 때까지
after	~한 후에	as soon as	~하자마자
as	~할 때	when	~할 때
while	~하는 동안	since	~이래로

Don't move until I come back. 내가 돌아올 때까지 움직이지 마.

I don't want you to marry him as long as I breathe.

내가 숨쉬는 한 나는 네가 그와 결혼하는 것을 원하지 않아.

As we crossed the bridge, I looked down at the rushing stream.

우리가 다리를 건널 때 나는 급류를 내려다보았어.

Three years have passed since my uncle went to sea.

삼촌이 바다로 간 이래로 3년이 지났지.

이유를 나타내는 종속접속사

비가 와서 시원하다.

비가 오니까 시원하다.

비가 오므로 시원하다.

비가 오기 때문에 시원하다.

이유를 나타내는 우리말도 여러 표현이 있듯 영어도 마찬가지입니다. 물론 because가 가장 많이 쓰입니다.

because, since, as, now that ~이기 때문에, ~하니까

Since you will not listen to me, I will say no more.

너는 내 말을 듣지 않을 것이기 때문에 난 더 이상 말하지 않을 거야.

Now that we sent the message, let's wait. 우리가 메시지를 보냈으니까 기다려보자.

since는 워낙 자주 나오니 여기서 따로 정리하고 넘어가죠. 제가 운영하는 '영어, 어렵지 않습니다'라는 블로그(https://blog.naver.com/canbegreat)에 공부법이나 유용한 표현 등을 올리는데 'since의 뜻과 쓰임 정리'라는 글을 게시한 적이 있어요. 그런데 시간이 흐른 후, 구글이나 네이버 같은 포털에서 'since 뜻'을 검색하고 그 게시글을 방문하는 사람들이 꽤 많다는 사실을 알게 되었습니다. 오랫동안 네이버에 상위노출되어왔고 구글에서는 최상위로 노출됩니다. 그런 경험을 통해 제 설명이 상당히 설득력이 있었다는 것을 간접적으로 확인할 수 있었습니다.

여러 교재나 각종 시험에서 since가 갖는 의미는 딱 세 개입니다. 간단하죠. 주로 두 가지 의미로 쓰는데, 하나씩 살펴볼까요?

since의 흔한 용법 중 하나는 완료(have p.p, had p.p) 표현과 함께 '~이래로(이후로)'라는 뜻으로 쓰는 것입니다. 어떤 일이 있었던 순간부터 현재까지를 나타냅니다.

I haven't eaten anything since last night.

지난 밤 이후로 나는 아무것도 먹지 않았다.

Jake has lived in Busan since he was 10 years.

제이크는 10살 이래로 부산에서 살아왔어.

완료문에 since가 나오면 '~이래로'라고 자동적으로 해석해도 됩니다. 이때 since는 전치사로 쓰여 뒤에 명사나 동명사가 올 수도 있고, 접속사로 쓰여 뒤에 주어+동사가 올 수도 있습니다.

since는 '~때문에'라는 뜻으로도 흔히 씁니다.

Since it rained all day long, she felt gloomy.

하루 종일 비가 왔기 때문에 그녀는 우울했어.

Since Jenny is busy doing her own job, she doesn't care about what he said.

제니는 그녀 자신의 일로 바쁘기 때문에 그가 말했던 것을 개의치 않았어.

이유를 이미 알고 있거나 결과가 중요한 상황에서는 since를 쓰고, 어떤 행동이나 사건의 직접적인 원인을 강조할 때는 because를 쓰지만 그 차이는 그다지 중요하지 않습니다. 참고로만 알아두면 됩니다.

다시 한 번 정리하면 since가 완료 표현과 함께 쓰일 때는 '~이래로(이후로)'라고 해석하고, 완료를 제외한 다른 문장에서는 대부분 '~때문에'라고 해석합니다.

since의 세 번째 뜻은 부사로 '그 후로'라는 뜻입니다. 자주 쓰는 표현은 아니므로, 부사로 쓰이면 since 다음에 아무것도 안 나와도 틀린 문장이 아니라는 것만 알고 있으면 됩니다.

I ran into him on the street last year, and I haven't seen him since.

나는 작년에 길에서 우연히 그를 만났다. 그리고 그 후로 그를 보지 못했다.

양보를 나타내는 종속접속사

though, although	~에도 불구하고	even if, even though	비록 ~할지라도
while	~인 반면, ~라 하더라도	no matter+의문사	아무리 ~한다 할지라도

Although Steven is a foreigner, he speaks Korean very well.

스티븐은 외국인임에도 불구하고 그는 한국어를 아주 잘한다.

Some people like him, while others don't.

다른 사람들은 그를 좋아하지 않는 반면 어떤 사람들은 그를 좋아한다.

조건을 나타내는 종속접속사

if	만약 ~라면	as long as	~하는 한
unless	만약 ~이 아니라면(=if ~ not)	once	일단 ~하기만 하면
in case	~인 경우에(대비하여)	only if	~할 때에만

Don't open a shop, unless you know how to smile.

웃는 법을 모르면 장사를 하지 마라. (이스라엘 속담)

In case it is cold, you have to prepare an extra set of warm clothes.

추울 때를 대비해 너는 따뜻한 여분의 옷 한 벌을 준비해야 한다.

I will never forget his kindness as long as I live.

내가 살아 있는 한 나는 그의 친절을 잊지 못할 것이다.

결과를 나타내는 종속접속사

so+형용사+that	아주 ~해서 ~하다	such+a/an+(형)+명+that	아주 ~해서 ~하다
so+부사+that	아주 ~해서 ~하다	(and) so	그래서

Benjamin was so hungry that he could eat a horse. 벤저민은 너무 배가 고파서 말 한

마리도 먹을 수 있었다. ('말 한 마리를 먹는다'는 표현은 몹시 배가 고프다는 뜻의 관용 표현)

It was such an exciting movie that I watched it many times.

그것은 아주 흥미로운 영화여서 나는 여러 번 보았다.

Stella was still sick so she went to see a doctor yesterday.

스텔라는 여전히 아파서 어제 병원에 갔다.

목적을 나타내는 종속접속사

so that, in order that	~하기 위해서, ~하도록

'아주 ~해서 ~하다'라는 'so + 형용사 + that'과 '~하기 위해서, ~하도록'의 'so that'을 잘 구분하기 위해서 예문을 읽으면서 직접 해석해 보십시오.

Emma works out regularly so that she can stay healthy.

에마는 건강을 유지하기 위해서 규칙적으로 운동한다.

Edwin has to clarify his position in order that people better understand what he intended.

에드윈은 그가 의도했던 것을 사람들이 더 잘 이해하도록 입장을 밝혀야 한다.

상관접속사

세상엔 짝을 이루는 것들이 참 많습니다. 짝을 이루어 늘 함께 다니는 표현을 영어에서도 종종 볼 수 있습니다. 둘 이상의 접속사가 함께 나오는 상관접속사가 바로 그런 표현입니다. 상관접속사를 써서 주어를 연결했을 때, 동사의 수를 어느 부분에 일치시켜야 할까요?

	뜻	동사의 사용
either A or B	A나 B 둘 중 하나	B주어에 일치
neither A nor B	A도 B도 아님	B주어에 일치
both A and B	A, B 둘 다	복수형 동사
not only A but (also) B	A뿐만이 아니라 B도	B주어에 일치
A as well as B	B뿐만 아니라 A도	A주어에 일치
not A but B	A가 아니라 B	-

Either Sophia or her sisters are going to come back.

소피아나 그녀의 언니들이 되돌아올 것이다.

Neither Jackson nor I am not satisfied with the result.

잭슨도 나도 그 결과에 만족하지 않는다.

Both she and I like Italian food. 그녀와 나 둘 다 이탈리아 음식을 좋아한다.

'A뿐만 아니라 B도'라는 표현은 B를 강조하는 표현입니다. 따라서 동사의 수는 B에 일치시킵니다. 그런데 A as well as B는 'B뿐만 아니라 A도'라고 역순으로 번역하므로 동사의 수를 A에 일치시켜야 한다는 점에 유의해야 합니다. 강조하는 말에 동사를 일치시킨다고 생각하면 쉽습니다.

Not only he but also you are intelligent.

= You as well as he are intelligent. 그뿐만 아니라 너도 지적이야.

She is not a student but a teacher. 그녀는 학생이 아니라 선생님이다.

Chapter 15

상상의 나래를 펼치는 가정법

영어에는 이런 법도 있습니다

'아 다르고 어 다르다'라는 우리말 속담처럼 언어에는 여러 표현법이 있습니다. 우리말로 해석할 때는 언어 표현양식을 ~법(法)이라고 하지만, 영어에서는 law로 쓰지 않고 mood라고 합니다. mood는 말하는 사람의 태도에 따라 세 가지로 나뉩니다.

1. 딸기가 먹고 싶어.
   좀 사올래?
   와~ 얼마나 맛있는 딸기냐!
2. 딸기 좀 사와!
3. 딸기 좀 내게 사다주면 참 좋을 텐데.

첫 번째는 사실을 있는 그대로 나타내는 직설법입니다. 평서문, 의문문, 감탄문 모두 직설법에 속합니다. 예문을 영어로 표현해 볼까요?

I want to have strawberries. (평서문)

Would you buy some for me? (의문문)

Wow, what tasty strawberries they are! (감탄문)

두 번째는 말하는 사람이 원하는 것을 상대방이 하도록 하는 명령법입니다. 동사원형을 맨 앞에 씁니다. 부정 명령문은 Don't로 시작합니다. 너무 딱딱하다 싶으면 please를 붙여 부드럽고 완곡하게 표현할 수 있습니다.

Buy some strawberries for me!

명령법 예문을 몇 가지 더 살펴봅시다.

Run away! 도망가!

Don't forget it! 그걸 잊지 마!

Please, be quiet! 조용히 해주세요!

세 번째는 가정법입니다. '~하다면, ~라면'이라고 가정하는 표현법입니다.

문장의 형태를 나누는 기준을 '법'이라고 하고, 법에는 직설법, 명령법, 가정법의 세 가지가 있는데, 영문법에서 법이라고 하면 주로 가정법을 뜻합니다. 가정법은 다른 어떤 문법보다도 쉽고 간단합니다. 수학 공식처럼 딱 정해진 틀이 있기 때문입니다.

If you bought me some strawberries, I would be very happy.

자, 이제 가정법에는 어떤 것들이 있고 쓰임은 어떤지 하나하나 알아보죠.

가정법 현재

If 주어+동사 현재형, 주어+조동사 현재형+동사원형

현재나 미래의 불확실한 것을 조건으로 하거나 상상할 때 사용하는데 주로 실현 가능성이 높을 때 씁니다. 가정법 현재는 조건문이라 하여 직설법으로 분류하기도 하죠. 조동사는 will, can, may를 씁니다.

If you hurry, you will arrive in time. 네가 서두른다면 너는 제시간에 도착할 거야.

If he visits me, I will feel really happy.

만약 그가 나를 방문한다면 나는 진짜 행복할 거야.

If it rains, I may stay home. 만약 비가 온다면 나는 집에 머물지도 몰라.

앞서 시제에서 배운 대로 시간과 조건의 부사절에서는 현재시제가 미래시제를 대신합니다.

가정법 과거

If 주어+동사의 과거형(be동사는 were), 주어+조동사 과거형+동사원형

가정법 중 가장 흔한 형태입니다. 현재 사실의 반대, 즉 이루어질 수 없

는 비현실적인 상황을 나타낼 때 사용합니다. 동사의 형태는 과거지만 '현재 사실의 반대'를 나타내므로 내용은 현재입니다. 과거동사를 보자마자 과거로 해석하고 싶은 마음이 생기더라도 꾹꾹 누르고 참아야 합니다. 조동사는 would, could, should, might를 씁니다. 반복을 피하기 위해 '조동사 과거형'이라는 말로 이 4개 동사를 대신합니다.

If I were you, I would answer the question.

만약 내가 너라면 나는 그 질문에 대답할 텐데.

If Daniel knew her phone number, he could call her.

만약 대니얼이 그녀의 전화번호를 안다면 그녀에게 전화할 수 있을 텐데.

If you lost your wallet, you should go to a police station first.

만약 지갑을 잃어버리면 너는 먼저 경찰서에 가야 한다.

If you met her, you might fall in love with her.

만약 네가 그녀를 만난다면 그녀와 사랑에 빠질지도 몰라.

be동사는 수 일치와 관계없이 항상 were을 씁니다. 일부 원어민은 주어가 단수면 was를 쓰기도 하지만 were로 통일해서 쓰는 것이 원칙입니다. 가정법 과거와 가정법 현재(조건문)의 차이를 아래와 같이 정리할 수 있습니다.

가정법 과거	가정법 현재(조건문)
현실과 반대되는 상황을 가정할 때, 현실성이 다소 낮음	현실에서 충분히 일어날 수 있는 일을 말할 때
If절의 동사는 과거형	If절의 동사는 현재형
주절의 동사는 조동사의 과거형(would, could, should, might)+동사원형	주절의 동사는 will/be going to, can, may+동사원형

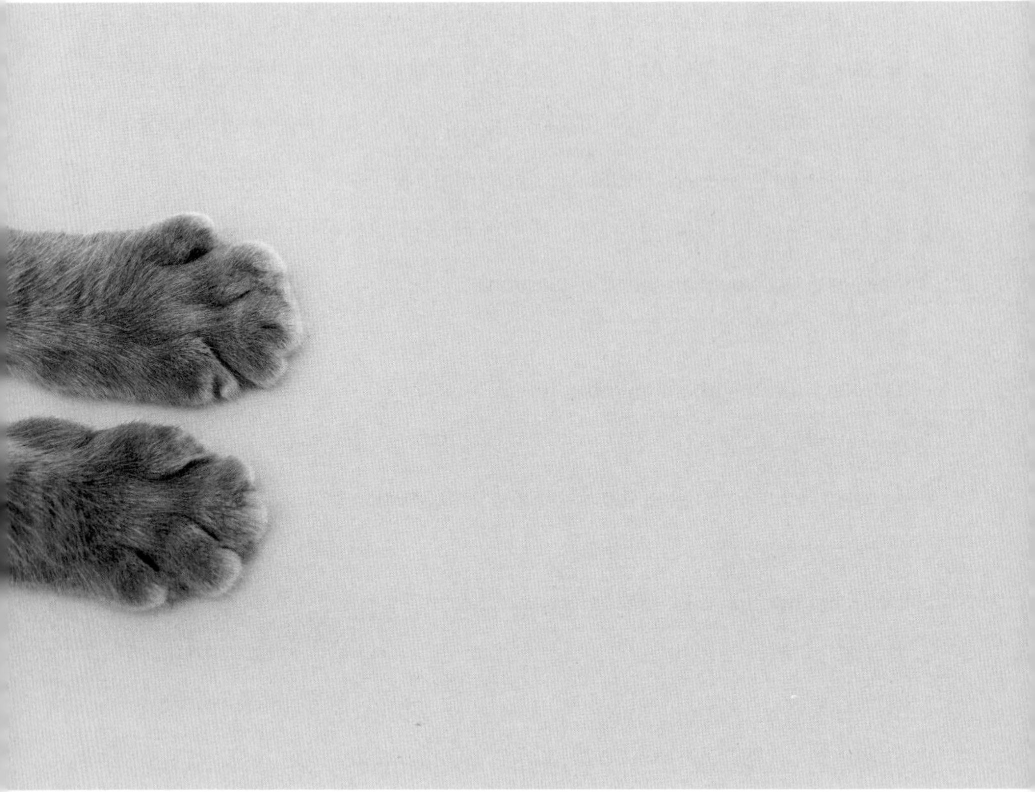

We will either find a way, or make one.

Hannibal

우리는 길을 찾거나, 아니면 만들 것이다.

가정법 과거완료

If 주어+had p.p, 주어+조동사 과거형+have p.p

가정법 과거완료는 과거 사실의 반대, 즉 과거에 이미 벌어진 일이나 상황을 반대로 가정할 때 씁니다. 시간을 되돌릴 수 없으므로 이루어질 수 없는 것을 표현하는 방식입니다.

If I had had enough money then, I could have helped you.

내가 그때 충분한 돈이 있었더라면 너를 도울 수 있었을 텐데.

If Harrison had driven more carefully, he wouldn't have been in a traffic accident. 해리슨이 좀 더 주의 깊게 운전했더라면 교통사고를 겪지 않았을 텐데.

If he hadn't lost his cool and thrown a punch at that cop, he might have gotten away a fine. _미드 〈테라 노바 Terra Nova〉 만약 그가 침착함을 잃지 않고 그 경찰에게 주먹을 날리지 않았다면, 그는 벌금을 면했을지도 모른다.

혼합가정법

If 주어+had p.p, 주어+조동사 과거형+동사원형

혼합가정법은 용어부터 왠지 어려운 느낌입니다. 하지만 실제로는 별로 어렵지 않아요. 가정법 과거완료와 가정법 과거를 혼합해서 사용하는 형태입니다. 과거 행동이나 상태의 결과가 현재에도 영향을 미칠 때 사용합니다. 즉, 과거 사실에 반대되는 가정이나 원망 등이 현재와 관련이 있을 때 씁니다. '과거에 ~했더라면 지금 ~할 텐데'로 해석합니다.

If I had studied harder, I could get a higher score.

내가 더 열심히 공부했더라면 (지금) 더 높은 점수를 받을 수 있을 텐데.

If you had helped him then, he wouldn't be in such a big trouble now.

네가 그때 그를 도왔더라면 (지금) 그가 그런 큰 어려움에 처해 있지 않을 텐데.

가정법 미래

If 주어+should(were to/would)+동사원형, 주어+조동사 과거나 현재+동사원형

'그럴 리는 없지만 만약에, 혹시'라는 의미로 미래에 대한 아주 강한 의심 또는 상식적으로 있을 수 없는 불가능한 상황을 가정할 때 씁니다. 보통 If절에 should를 쓰지만 가능성이 훨씬 더 낮은 경우는 were to를 씁니다. 자연의 법칙을 거스르는 경우처럼 도저히 있을 수 없는 상황입니다. 주어의 의지를 나타낼 때는 If절에 would를 쓰기도 하지만 흔치는 않습니다.

If I should pass the exam, she will be really pleased.

내가 만약에 시험에 통과한다면 그녀가 정말로 기뻐할 것이다.

If I were to be born again, I would be a movie actor.

내가 다시 태어난다면 나는 영화배우가 될 거야.

Should you have any questions with reference to our products, please do not hesitate to contact us immediately. 저희 제품과 관련해 질문 있으시면 저희에게 즉시 연락하는 것을 주저하지 마십시오. **(비즈니스 이메일이나 편지에 자주 쓰는 표현)**

마지막 예문은 원래 'If you should have~'인데 if가 생략되면서 주어 you와 동사 should가 위치를 바꾼 것입니다. 가정법 문장이라는 것을 모르면 뜻을 알기 어렵죠. if가 생략될 때는 동사+주어의 어순으로 씁니다.

숙어처럼 쓰는 가정법 형태

~이 없다면(현재 사실의 반대)

If it were not for(=Were it not for, But for, Without)+(대)명사, 조동사 과거형+동사원형

If it were not for water, all living things would die.

물이 없다면 모든 살아있는 것들은 죽을 텐데.

Without your help, I could not finish the work.

네 도움이 없다면 나는 그 일을 끝낼 수 없을 텐데.

~이 없었다면(과거 사실의 반대)

If it had not been for(=Had it not been for, But for, Without)+(대)명사, 주어+조동사 과거형+have p.p

If it had not been for your effort, you wouldn't have succeeded.

너의 노력이 없었더라면 너는 성공하지 못했을 텐데.

But for her attention and love, he couldn't have grown well.

그녀의 관심과 사랑이 없었더라면 그는 잘 자라지 못했을 텐데.

가정법 문장에서 if의 생략

앞서 예문에서 살펴보았듯, 가정법 문장에서 if를 생략할 수 있습니다. 이때 주어 다음에 있던 동사가 맨 앞으로 나가 주어와 자리를 바꾸는데 이것을 도치라고 합니다.

If I were a bird, I would fly in the sky.

=Were I a bird, I would fly in the sky. 내가 새라면 하늘에서 날 텐데.

If you had read the book, you could have understood it.

=Had you read the book, you could have understood it.

네가 그 책을 읽었더라면 그것을 이해할 수 있었을 텐데.

특수가정법

기본 양념 만드는 법을 잘 익혀두면 여러 요리에 활용할 수 있듯 가정법의 기본에 해당하는 가정법 과거와 가정법 과거완료를 확실히 익히면 거기서 파생된 여러 용법들을 이해하는 것은 어렵지 않습니다.

특수가정법은 용어는 거창하지만, 가정법에서 쓰는 동사를 사용해서 현재나 과거 사실에 반대되는 가정 또는 소망을 나타내는 것으로, 예문을 보면 별로 어렵지 않습니다. 특수가정법에는 크게 세 가지 유형이 있습니다.

wish 가정법

인류 역사에는 크고 작은 전쟁과 기근이 끊이지 않았지만, 사람들은 어떤 상황에서도 희망을 추구했습니다. 희망이 있었기에 여러 문명이 활짝 꽃피고 끼니를 걱정하면서도 아이를 낳아 키웠습니다. 희망을 표현하기에 딱 맞는 wish 가정법을 살펴보죠.

① 주어+wish+주어+동사의 과거형(be동사는 were) : ~라면 좋을 텐데, ~이기를 희망한다(현재 사실의 반대)

현실은 희망과 달라 '유감'이라는 뜻으로 sorry를 사용해서 바꿔 쓸 수 있습니다.

I wish I were a billionaire. 내가 억만장자라면 좋을 텐데.

→ I am sorry I am not a billionaire. 내가 억만장자가 아니어서 유감이야.

I wish I met her. 그녀를 만난다면 좋을 텐데.

→ I am sorry I don't meet her. 내가 그녀를 만나지 못해서 유감이야.

② 주어+wish+주어+had p.p : ~였다면/~했다면 좋았을 텐데, ~였기를/~했기를 희망한다(과거 사실의 반대)

I wish I had asked for help. 내가 도움을 요청했더라면 좋았을 텐데.

→I am sorry I did not ask for help. 내가 도움을 요청하지 못해서 유감이야.

I wish I had made a wiser decision then.

내가 그때 더 현명한 결정을 했더라면 좋았을 텐데.

→I am sorry I did not make a wiser decision then.

내가 그때 더 현명한 결정을 못해서 유감이야.

as if 가정법

현재나 과거의 사실에 비유하는 표현을 통해 좀 더 생동감 있게 좀 더 섬세하게 표현하는 방식입니다. 그녀가 그냥 춤을 잘 춘다는 표현보다 '마치 아이돌 스타처럼 잘 춘다'고 하면 머릿속에 더 생생하게 그려집니다.

① as if+주어+동사의 과거형(be동사는 were) : 마치 ~인 것처럼(현재 사실의 반대)

She dances as if she were an idol star. 그녀는 마치 아이돌 스타처럼 춤춘다.

He shouts as if he saw a ghost. 그는 마치 귀신을 본 것처럼 소리를 지른다.

② as if+주어+had p.p : 마치 ~였던 것처럼(과거 사실의 반대)

He looked as if he had been very sick. 그는 마치 아주 아팠던 것처럼 보였다.

She acted as if she had not known me.

그녀는 마치 나를 몰랐던 것처럼 행동했다.

가정법의 관용 표현

① It is (about/high) time 주어+동사의 과거형(be동사는 were) : (지금) ~할 시간이다

about이나 high를 time 앞에 쓰면 강조하는 표현이 되고 '이제'나 '바로'로 해석합니다.

It is time you should study English.

→ It is time for you to study English. 너는 영어 공부를 할 시간이야.

It is about time we took care of the poor.

이제 우리가 가난한 사람들을 돌볼 시간이다.

② would rather (that)+과거 동사 : ~하면 좋겠는데

I would rather he solved it for me.

그가 나를 위해 그것을 좀 해결해주면 좋겠는데.

would rather (that) + had p.p : ~했더라면 좋았을 텐데

I would rather he had told me the truth.

그가 내게 진실을 말했더라면 좋았을 텐데.

would rather는 would rather A than B의 형태로도 많이 씁니다. 'B 하기보다는 차라리 A하겠다'로 해석합니다.

I would rather walk than ride a bike here.

여기서 자전거를 타느니 차라리 걷겠다.

③ as it were : 이른바, 말하자면(=so to speak, so called)

He is, as it were, a walking dictionary. 그는 말하자면 걸어다니는 사전이다.

그 밖에 if를 포함하는 주요 관용 표현

① What if 주어+동사? : ~하면 어쩌지?

if절의 내용이 말하는 사람 입장에서 일어날 가능성이 있다고 생각하면 현재 동사를 쓰고, 불확실한 상황이거나 가능성이 별로 없다고 생각하면 과거 동사를 씁니다.

What if we lose the game? 우리가 경기를 지면 어쩌지?

What if she woke up late and missed the flight?

그녀가 늦게 일어나서 비행기를 놓치면 어쩌지?

② if ever,+동사 : 설령 ~한다고 해도

if any,+명사 : 설사 ~가 있다고 하더라도

Sharon seldom, if ever, blames something upon others.

샤론은, 설사 한다고 해도, 어떤 것을 남에게 책임지우지 않는다.

William has little confidence, if any.

윌리엄은, 설사 있다 해도, 자신감이 거의 없다.

few/little은 '조금'이라는 뜻으로 'a'가 앞에 있으면 긍정, 없으면 부정의 뜻입니다. a 하나에 따라 뜻이 반대가 되죠.

	셀 수 있을 때	셀 수 없을 때
약간의, 조금 있는(긍정)	a few	a little
거의 없는(부정)	few	little

Matilda got a few love letters. 마틸다는 몇 통의 러브레터를 받았다. (긍정)

Few people understand the difference.

그 차이를 이해하는 사람은 거의 없다. (부정)

We needed a little water. 우리는 약간의 물이 필요했다. (긍정)

Kale had little experience in business. 케일은 사업 경험이 거의 없었다. (부정)

③ if at all : (설령) ~한다고 해도, ~라고 해도

You will not tell the difference, if at all.

당신은 그 차이를 구분하지 못할 것이다, 한다고 해도.

Chapter 16

고급스러운 영어 표현, 도치·강조·생략

영어에 풍미를 더하는 황금 레시피

영어 표현 중에 'Last but not least(마지막이지만 덜 중요한 것은 아니다)'라는 말이 있습니다. 어떤 것을 열거하면서 마지막에 언급하지만 앞서 언급한 것 못지않게 중요함을 강조할 때 쓰는 말입니다. 이 부분에서 다룰 내용은 다른 교재들에서도 대개 맨 마지막에 나오지만, 그렇다고 중요도 면에서 뒤처진다는 뜻은 아닙니다. 오히려 수준 높은 시험에 더 자주 출제되고, 고급 문장에서 심심찮게 볼 수 있습니다.

적절한 도치나 강조, 생략은 문장에 변화를 주어 더 세련되게 만듭니다. 물론 멋도 정도껏 부려야 보기 좋듯, 도치나 강조를 남발하면 부담스럽죠. 교환학생 신분으로 공부할 때 작문 과제에서 점수를 잘 받아볼 요량으로 도치 문장을 좀 과하게 썼더니 원어민 교수님이 너무 많이 꼬아놨다(too many twists)고 지적하더군요.

도치

원래 문장은 '나는 너를 사랑해!'이지만 '너를 나는 사랑해!'라고 어순을 바꾸어 말하면 자신이 강조하고 싶은 부분을 부각한 효과적인 표현이 됩니다. 일반적인 어순을 바꾸어 표현하는 것, 그 변화를 통해 전하고자 하는 메시지를 색다르게 혹은 강조해서 전달하는 방법이 도치입니다.

목적어, 보어 도치

영어는 전달하고자 하는 중요한 정보를 앞에 두는 경향이 있습니다. 목적어나 보어를 강조하고 싶으면 동사 앞으로 보냅니다.

She is beautiful. 그녀는 아름다워.

여기서 보어인 beautiful을 강조하기 위해 맨 앞으로 빼내서 'Beautiful is she'라고 쓸 수도 있지만 이렇게는 잘 쓰지 않고, 보어 도치는 so, such 등의 단어가 보어인 형용사를 꾸밀 때 주로 씁니다. 이때 보어가 문장의 맨 앞으로 나가서 동사+주어의 어순이 됩니다.

He was so pleased when he met Emily.

→So pleased was he when he met Emily. 그는 에밀리를 만났을 때 아주 기뻤어.

His power was so strong that he could carry the heavy table for himself.

→So strong was his power that he could carry the heavy table for himself.

그는 힘이 아주 세서 그 테이블을 혼자 힘으로 옮길 수 있었어.

수식어나 관계사 등이 이어져 주어가 너무 길 때, 보어를 앞에 두고 주어를 뒤로 옮기기도 합니다. 영어에는 문장 앞부분에 무게중심이 쏠리는 것을 피하려고 하는 특징이 있으니까요.

Tony who always sings and dances in front of many people as a clown is happy.

→Happy is Tony who always sings and dances in front of many people as a clown. 광대로서 많은 사람들 앞에서 항상 노래하고 춤추는 토니는 행복하다.

이렇게 쓰면 긴 주어에 대한 부담을 줄일 수 있고 강조하고자 하는 말을 앞에 놓음으로써 더 세련된 문장이 됩니다.

이번에는 목적어 도치를 살펴볼까요?

They spent all the money in a day.

→All the money they spent in a day. 그들은 하루만에 모든 돈을 다 썼다.

주어+동사+목적어의 원래 어순이 목적어+주어+동사로 바뀐 겁니다.

장소 부사(구)의 도치

장소를 나타내는 부사(구)가 말머리로 나가면, 주어+동사+부사구의 원래 어순이 부사구+동사+주어로 바뀝니다.

A house is on the hill.

→On the hill is a house. 그 집은 언덕 위에 있다.

도치 구문에서 한 가지 주의해야 할 점이 있습니다. 다음 예문을 보죠.

In front of his house is big trees which look very old.

그의 집 앞에 아주 오래되어 보이는 나무가 있다.

얼핏 보면 맞는 문장처럼 보이지만 틀린 문장입니다. 어느 부분이 틀렸을까요? 도치 구문에서 각종 시험에 자주 등장하는 유형의 문제입니다. 우리는 주어가 앞에 오고 동사가 뒤에 오는 문장에 익숙합니다. 그래서 이 문장에서도 house가 주어로 보이고 동사가 is인 것 같지만 그렇지 않죠.

부사구 'In front of his house'를 한 묶음으로 봐야 합니다. 부사나 부사구, 부사절은 절대 주어가 될 수 없습니다. 영어에서 주어가 될 수 있는 것은 명사나 명사 관련 어구(명사구, 명사절, 대명사, 동명사)입니다. 이 예문에서 주어는 'big trees'입니다. 이제 뭐가 틀렸는지 감이 오나요?

Big trees which look very old are in front of his house. (원래 구문)

=In front of his house are big trees which look very old. (도치 구문)

이렇게 도치 구문을 쓰면 두 가지 목적을 이룰 수 있습니다. 첫째, 'In front of his house'를 말머리에 둠으로써 이 부사절을 강조할 수 있습니다. 둘째, 긴 주어를 앞에 두는 것이 아무래도 부담스러운데 수식절이 붙어 있는 긴 주어를 뒤로 옮김으로써 더 세련된 문장을 만들 수 있습니다. 이 문장에서는 부사구나 주어나 다 길지만, 그렇더라도 관계사절이 붙은 주어가 좀 더 무거우니 부사구가 앞으로 가는 편이 낫죠.

Mom comes here. (원래 구문)

= Here comes mom. (도치 구문) 엄마가 여기 오신다.

그런데 주어가 대명사일 때는 부사(구)가 말머리로 가서 도치가 되더라도 주어+동사의 어순 그대로 씁니다.

Here she comes.

부정 부사의 도치

부정 부사가 말머리에 오면 그다음은 의문문의 어순으로 단어를 배열합니다. 원래 동사가 be동사라면 be동사가 동사 앞으로 가고, 일반동사나 조동사를 쓴 문장이라면 do동사(또는 조동사)+주어+동사원형의 어순이 됩니다.

자주 쓰는 부정 부사

no 아니, 안 돼 rarely 드물게, 좀처럼 ~ 않는 not only~ but also~ ~뿐만 아니라 ~도

little 작은 hardly 거의~아닌 never 전혀 scarcely 거의 ~않는 not until ~후에야 비로소

few 적은 seldom 좀처럼 ~않는

Her economic situation was never getting worse.

→Never was her economic situation getting worse.

그녀의 경제적 상황은 더 나빠지고 있지 않았다.

Stella never knew that he loved her.

→Never did Stella know that he loved her.

스텔라는 그가 그녀를 사랑했다는 것을 전혀 몰랐다.

He can hardly stand upright.

→Hardly can he stand upright. 그는 거의 똑바로 설 수 없었다.

She did not know anything about it until yesterday.

→Not until yesterday did she know anything about it. 그녀는 어제까지만 해도 그것에 대해 전혀 알지 못했다(어제가 되어서야 비로소 그것에 대해 알았다).

I like not only apples but also strawberries.

→Not only apples do I like but also strawberries. 난 사과뿐만 아니라 딸기도 좋아해.

미국 대학교나 대학원 진학을 위한 TOEFL, GRE/GMAT 같은 시험이 이미 정해진 문제들을 시험지에 인쇄해서 풀던 방식에서 컴퓨터 대응 테스트(Computer-Adaptive Test : CAT)로 막 전환되던 시절, 응시자들은 처음부터 끝까지 이미 정해진 동일한 문제가 아니라 응시자 개인의 수준에 맞춘 제각각의 문제를 마주해야 했습니다.

먼저 중간 수준의 문제가 주어지고 그 문제를 푼 결과에 따라 컴퓨터가 난이도를 실시간으로 조절해 다음 문제가 제시되는 방식이었습니다. 즉, 문제를 잘 맞힐수록 후반부로 가면서 더 어려운 문제가 출제되고 문제를 틀릴수록 더 쉬운 문제가 출제되는데, 시험 시작 후 어느 정도 문제를 풀고 나서 'not only~ but also~' 구문이 문제로 나오면 조용히 컴퓨터를 끄고 시험장을 나오라는 웃지 못할 얘기가 있었습니다. 이 쉬운 표현이 나왔다는 것은 앞에 푼 문제가 다 틀려서 계속 시험을 볼 필요가 없다는 뜻이라는 것이었습니다. 그만큼 이 표현이 기본적이고 중요하다는 건데 간혹 이 문제를 만난 사람이 있었다는 얘기가 전설처럼 전해져 왔죠.

Only+부사(구, 절)의 도치

Only와 함께 부사(구, 절)가 말머리로 가면 부정 부사의 도치처럼 의문문의 어순으로 씁니다.

Only after it rains do rainbows appear.

→Rainbows appear only after it rains. 비가 온 후에만 무지개가 나타난다.

Only by car was he able to arrive at the top.

→He was able to arrive at the top only by car.

오직 자동차로만 그는 꼭대기에 도착할 수 있었다.

so/neither/nor 동사+주어

상대방의 말에 동의를 표현하는 가장 쉬운 방법은 'Me, too'라고 말하는 것입니다. 이외에도 so, neither, nor를 사용할 수 있는데 이때 주어, 동사의 위치가 도치됩니다.

A : I am hungry. 나 배고파.

B : So am I. 나도 그래.

A : I liked you. 나는 너를 좋아했어.

B : So did I. 나도 그랬어.

A : I am not good at dating. 나는 연애에 서툴러.

B : Neither/Nor am I. 나도 못해.

A : I can't go further. 나는 더 갈 수 없어.

B : Neither/Nor can I. 나도 갈 수 없어.

가정법 도치

가정법 구문에서 if가 생략되면 주어+동사가 위치를 바꿉니다. 가정법에서 살펴본 내용을 다시 한 번 복습해 볼까요?

If I were you, I would marry him.

→Were I you, I would marry him. 만약 내가 너라면 나는 그와 결혼할 텐데.

If he had studied harder, he could have passed the exam.

→Had he studied harder, he could have passed the exam.

만약 그가 더 열심히 공부했더라면 시험에 통과할 수 있었을 텐데.

도치 구문에 익숙하지 않으면 해석에 시간이 걸립니다. 도치 구문에서도 주어와 동사를 찾는 것이 핵심입니다.

강조

명사의 강조

very가 형용사나 또 다른 부사를 수식하면 '매우, 아주'라는 뜻인데 명사 바로 앞에 the very를 쓰면 '바로 그'라는 뜻입니다.

He is the very person I want to meet. 그는 내가 만나고 싶은 바로 그 사람이야.

동사의 강조

시제와 수에 따라 do, does, did를 본동사 앞에 쓰면 '진짜로, 정말로, 꼭' 등의 의미로 동사를 강조합니다.

I love you. 나는 너를 사랑해.

→I do love you. 나는 너를 진짜로 사랑해.

He gave a love letter to her. 그가 러브레터를 그녀에게 주었다.

→He did give a love letter to her. 그가 러브레터를 그녀에게 정말로 주었다.

재귀대명사(-self, -sleves)를 통한 강조

강조하고자 하는 명사, 대명사 뒤나 문장의 맨 끝에 -self, -selves(self의 복수)를 써서 명사를 강조합니다.

Kelly herself prepared for the food for guests.

켈리는 직접 손님들을 위한 음식을 준비했다.

The kid cleaned his room himself. 그 아이는 자기 방을 스스로 청소했다.

의문사 강조

on earth, in the world를 의문사 바로 다음에 쓰고 '도대체', '세상에' 등으로 해석합니다.

Why on earth are you so angry? 도대체 너는 왜 그렇게 화가 났니?

부정문 강조

at all을 문장 끝에 쓰고 '전혀'라고 해석합니다.

I don't understand what he said at all. 나는 그가 말한 것을 전혀 이해할 수 없다.

Is this helpful at all? 이것이 조금이나마 도움이 될까?

at all은 '조금이라도'라는 의미로 긍정문에서 쓰기도 하지만 부정문에서 더 많이 씁니다.

It is(was) ~ that 강조구문

문장에서 강조하고자 하는 부분을 be동사(is/was)와 that 사이에 넣고 '바로'라고 해석합니다.

Tom broke the window yesterday. 톰이 어제 창문을 깼다.

→It was Tom that broke the window yesterday.

어제 창문을 깬 사람은 바로 톰이었다. (주어 강조)

→It was the window that Tom broke yesterday.

톰이 어제 깬 것은 바로 창문이었다. (목적어 강조)

→It was yesterday that Tom broke the window.

톰이 창문을 깬 것은 바로 어제였다. (부사 강조)

동사, 주격보어, 상태를 나타내는 부사, 문장 전체를 꾸미는 부사를 강조할 때는 It is(was)~ that 강조구문을 쓰지 못합니다.

생략

주로 반복을 피하기 위해 또는 생략해도 의미상 문제가 없을 때 생략하고, 관용적으로 생략하는 경우도 있습니다.

to부정사에서 반복되는 단어

You may have anything if you want to (have). 원한다면 어떤 것을 가져도 좋아.

A : Let's go out for pizza. 피자 먹으러 가자.

B : Sorry. Because I'm on a diet, I'm not able to (go out).

미안해. 다이어트 중이라서 안 돼.

비교급 구문에서의 동사

You are more handsome than he (is). 당신은 그보다 더 잘생겼다.

Light travels faster than sound (travels). 빛은 소리보다 빨리 이동한다.

같은 동사의 나열

He ate beef and I (ate) pork at a restaurant.

식당에서 그는 소고기를 먹었고 나는 돼지고기를 먹었다.

부사절의 주어와 동사

While (he was) in Japan, he met her. 일본에 있던 동안 그는 그녀를 만났다.

If (it is) given to you, this book must be very useful.

만약에 네게 주어진다면 이 책은 아주 유용할 것이다.

감탄문

How cute (she is)! 그녀는 얼마나 귀여운가!

What a nice boy (he is)! 그는 얼마나 멋진지!

관용적인 생략

No parking (is allowed) 주차금지

(This is) For sale 판매 중 Not for sale 비매품

(This is) On sale 할인 판매 중

(Someone is) Wanted 수배 중

(This is) Out of order 고장

개인적인 용도로 쓰는 어떤 제품이 망가지거나 고장 났을 때는 broken을 쓰고, 공용시설물이 고장 나서 작동이 안 되는 상황 즉, 서비스가 불가능할 때는 out of order을 씁니다.

(Keep your) Hands off 손대지 마시오

(Beware of) Wet paint 젖은 페인트 조심

| 에필로그 |

영리하고 효과적인 영어 공부를 위해

여기에 도착한 분들께 박수갈채를 보냅니다. 성인이든 아직 어린 학생이든 학교와 학원에서 다수의 교재들을 공부해오면서도, 막상 스스로 문법책 한 권을 끝까지 공부한 사람은 많지 않습니다. 지금까지의 영어 공부가 정상까지 걸어가는 속도였다면 영문법 전반을 어느 정도 이해한 지금은 천천히 뛰는 속도로 정상에 더 빨리 다가설 수 있습니다. 이 책 한 권을 다 읽는 동안, 여러분의 영어 학습은 이미 성공의 궤도에 진입했습니다.

미국에서 대학원을 다닐 때 공부했던 책에 다음과 같은 글귀가 있는데 독자분들과 꼭 공유하고 싶어서 여기에 옮겨 적습니다.

Improving proficiency in a second language is a long-term project. Neverthless, success in this long-term project depends on success in a series of short activities. (skipping) Consider the global goal of adopting a healthier lifestyle. No matter how attractive this goal is, to reach it an individual must engage in exercise and refrain from smoking and eating harmful foods. Willpower must be summoned frequently at various points in time to overcome different resistance. _『제2언어 습득 SECOND LANGUAGE ACQUISITION』(Suan M. Gass & Larry Selinker) 중에서

제2언어의 능숙도 향상은 장기 프로젝트다. 그럼에도 불구하고, 이 장기 프로젝트의 성공은 일련의 짧은 활동에서의 성공에 달려 있다. (중략) 더 건강한 라이프스타일을 채택하는 세계적인 목표를 고려해보자. 이 목표가 아무리 매력적이더라도, 그것에 도달하기 위해서는 반드시 운동을 해야 하고 흡연과 유해한 음식 섭취를 삼가야 한다. 각기 다른 저항을 극복하기 위해서는 다양한 시점에서 의지력을 자주 소환해야 한다.

모국어와 달리 외국어 습득의 전 과정은 인위적인 노력을 필요로 합니다. 그때그때 의지력을 소환해 한 발짝 한 발짝 앞으로 나가야 합니다. 에너지와 노력을 낭비하지 않고 제대로, 효율적으로 쓰려면 좋은 학습법, 좋은 교재가 필요합니다. 배우는 사람 입장에서 어떻게 하면 최소의 노력으로 최대의 효과를 누릴 수 있을지 이 책을 쓰는 내내 고민했습니다. 그래서 오랫동안 영어를 공부하고 가르쳐오면서 얻은 지식과 경험을 잘 전달하기 위해 예문 하나, 설명 한 줄에도 밤잠 설치며 정성을 기울였습니다.

깊이 있는 영어, 중요한 시험에서 좋은 점수를 낼 수 있는 영어, 세련된 고급 영어는 문법이라는 언어적 약속의 바탕 위에서 이루어집니다. 문법의 기초를 탄탄히 다져놓아야 독해·청취·회화·영작의 전 영역에서 탁월한 실력을 키울 수 있습니다. 이해하고 난 후 내 것으로 움켜쥔 문법 지식이 여러분의 영어 구사력을 획기적으로 향상시켜 줄 발판이 되어줄 것입니다.

익숙한 상황에서 앵무새처럼 반복하는 기초적인 의사소통을 뛰어넘어 공부와 업무에 폭넓게 활용할 수 있는 수준으로 외국어를 구사하는

것은 언어의 규칙에 해당하는 문법을 익히지 않고는 애초에 불가능합니다. 그동안 문법을 어려워하는 학생들을 수없이 접하면서 강의실에서 다양한 방식의 수업을 통해 적용했던 내용을 이 책에 담았습니다. 좀처럼 실력이 향상되지 않아 막막했던 누군가의 영어 학습에 이 한 권의 책이 희망의 빛을 선사했다면, 저자로서 그보다 더 큰 기쁨과 보람은 없을 것입니다.

영어와 함께하는 여러분의 앞길이 항상 화창한 봄 날씨 같기를 진심으로 바랍니다.

시험점수 쑥쑥 올리는 응급처방전

영문법이 시급합니다

1판 1쇄 발행 2023년 1월 2일

지은이 케네스 채
펴낸이 백지선
마케팅 용상철
인쇄 도담프린팅

펴낸곳 또다른우주
등록 제2021-000141호(2021년 5월 17일)
주소 03977 서울시 마포구 성미산로15길 32, 403호
전화 02-332-2837
팩스 0303-3444-0330
블로그 https://blog.naver.com/anotheruzu

ISBN 979-11-981279-0-7 13740